L'ETRANGER

TWENTIETH CENTURY TEXTS

Albert Camus

L'ETRANGER

Edited by
Ray Davison

Lecturer in French, University of Exeter

Routledge

First published 1988
by Routledge
11 New Fetter Lane, London EC4P 4EE

Text © 1942 Librairie Gallimard
Introduction and notes © 1988 Ray Davison
Printed in Great Britain by
Richard Clay Ltd

British Library Cataloguing in Publication Data
Camus, Albert, 1913–1960
L'Etranger. – 3rd ed. – (Twentieth century texts).
I. Title   II. Davison, Ray
III. Series
843'.912

ISBN 0–415–02586–9

CONTENTS

AVANT-PROPOS

J'ai résumé *L'Etranger*, il y a longtemps, par une phrase dont je reconnais qu'elle est très paradoxale: 'Dans notre société tout homme qui ne pleure pas à l'enterrement de sa mère risque d'être condamné à mort'. Je voulais dire seulement que le héros du livre est condamné parce qu'il ne joue pas le jeu. En ce sens, il est étranger à la société où il vit, il erre, en marge, dans les faubourgs de la vie privée, solitaire, sensuelle. Et c'est pourquoi des lecteurs ont été tentés de le considérer comme une épave. On aura cependant une idée plus exacte du personnage, plus conforme en tout cas aux intentions de son auteur, si l'on se demande en quoi Meursault ne joue pas le jeu. La réponse est simple: il refuse de mentir. Mentir ce n'est pas seulement dire ce qui n'est pas. C'est aussi, c'est surtout, dire plus que ce qui est et, en ce qui concerne le cœur humain, dire plus qu'on ne sent. C'est ce que nous faisons tous, tous les jours, pour simplifier la vie. Meursault, contrairement aux apparences, ne veut pas simplifier la vie. Il dit ce qu'il est, il refuse de majorer ses sentiments, et aussitôt la société se sent menacée. On lui demande par exemple de dire qu'il regrette son crime, selon la formule consacrée. Il répond qu'il éprouve à cet égard plus d'ennui que de regret véritable. Et cette nuance le condamne.

Meursault pour moi n'est donc pas une épave, mais un

homme pauvre et nu, amoureux du soleil qui ne laisse pas
d'ombres. Loin qu'il soit privé de toute sensibilité, une
passion profonde, parce que tacite, l'anime, la passion de
l'absolu et de la vérité. Il s'agit d'une vérité encore négative, la vérité d'être et de sentir, mais sans laquelle nulle
conquête sur soi et sur le monde ne sera jamais possible.

On ne se tromperait donc pas beaucoup en lisant dans
L'Etranger l'histoire d'un homme qui, sans aucune attitude
héroïque, accepte de mourir pour la vérité. Il m'est arrivé
de dire aussi, et toujours paradoxalement, que j'avais essayé
de figurer dans mon personnage le seul Christ que nous méritions. On comprendra, après mes explications, que je l'aie
dit sans aucune intention de blasphème et seulement avec
l'affection un peu ironique qu'un artiste a le droit
d'éprouver à l'égard des personnages de sa création.

Albert Camus
Paris, le 8 janvier 1955

INTRODUCTION

ALBERT CAMUS: THE ALGERIAN YEARS[1]

Unlike his equally distinguished contemporaries, Sartre and Simone de Beauvoir, Camus neither suffered nor enjoyed the benefits of a middle-class background in metropolitan France, dominated by the cultural and intellectual perspectives of Paris. For the larger part of his life, from 1913 to 1940, the date when he completed the draft of *L'Etranger*, he lived in Algeria which was then, and until 1962, part of France's overseas empire. His family was not part of the rich and powerful French and European landowning community of 'colons'; they were 'pieds-noirs', or working-class French of Algeria, all of them poorer than their mainland counterparts, although much less deprived than the majority of Arabs themselves, and forming some 80 per cent of the French colonial presence.

Camus's Algerian years were rooted in relative poverty and in circumstances that objectively contained a powerful potentiality for racial and class hostilities, hinted at more than once in *L'Etranger*, and which eventually erupted onto the historical scene in the aftermath of the Second World War.[2] However, as Camus himself frequently points out,[3] the Algerian years were not unhappy ones: poverty taught him the value of the sun and his love of life: 'en Afrique la vie et le soleil ne coûtent rien'.[4] Indeed, he liked to locate the secret source of his creative vitality in North Africa, in 'ce monde de pauvreté et de lumière où j'ai longtemps vécu'.[5]

Camus's early works, particularly *L'Envers et l'endroit, Noces*, and *L'Etranger* draw part of their initial inspiration from his Algerian years and 'ce monde de pauvreté et de lumière'. This fact should not be used to emphasize the personal, autobiographical elements in these works; by the time Camus begins to publish, private experience had been reassimilated and redefined in terms of a philosophy of life of increasing cultural and intellectual complexity. The familiar and everyday experiences of his childhood and youth, aspects of life in Belcourt, the beaches of Algiers, the deaf and enigmatic mother, all become part of an intellectual and fictional universe, where even the apparently natural and simple act of swimming acquires a symbolic and philosophical dimension. Thus, it is not so much a question of what Africa made of Camus but of what Camus, as he developed as a writer, made of Africa. *L'Etranger* is related to that development and, whilst acknowledging its autonomy as a work of art to be interpreted in its own terms, it is certainly helpful to link it to Camus's emerging philosophy and to his early work in general.

Camus's early works: love of life; death and the Absurd; the intellectual background of L'Etranger

In 1930 Camus suffered a serious attack of tuberculosis, an illness which eventually forced him to abandon his plans for an academic career. His first publications began to appear two years later in *Sud*, a minor literary magazine founded by one of his friends at the lycée d'Alger.[6] It is tempting to see his literary preoccupations at this time in terms of his illness: tuberculosis was a revelation of the sudden possibility of death and a reminder that life, which he loved so much, was finite. However, Lottman tells us that Camus's desire to write dates from when he was 7 years old,[7] and Camus himself liked to stress the specifically literary origins of some of his early works, citing Gide,[8] Grenier,[9] and André de Richaud.[10] Whatever one's own view of this, by the time Camus published *L'Envers et l'endroit* in 1937, literary and personal experiences had combined to produce a body of thought which strives to demonstrate that love of life and lucid awareness of the finality of death are logically compatible attitudes to life. Death may well render life meaningless, but it also renders it precious.

At the same time as he was reconciling these twin aspects of the significance of the tubercular infection, Camus was drawing up a general plan for his works as a writer: his thought was to be related to the elaboration of two major concepts, those of *Absurdity* and *Revolt, L'Absurde* and *La Révolte* as he calls them. Each of these would be given expression in three different registers, a philosophical essay, a novel, and a play. Although he never adhered rigidly to this plan, it is possible to group Camus's works under these headings and to place the Absurd phase between 1937 and 1942 so that it embraces the following works: the two early sets of 'essais' (in the sense of attempts or experiments) *L'Envers et l'endroit* (1937) and *Noces* (1939); *L'Etranger* (1942), *Le Mythe de Sisyphe,* the philosophical essay of the period (1942), and the play *Le Malentendu,* written between 1941 and 1943.[11]

In the most general sense, the works of the Absurd period provide a meditation on the various causes and consequences of a belief in the absurdity of existence. Beginning with the reflections on death and love of life already mentioned, Camus produces with *Le Mythe de Sisyphe* a philosophical analysis of how human consciousness arrives at the concept of the Absurd and of the precise problems such a concept poses. Throughout this period, Camus's aim remains basically the same: to show that a passionate attachment to the enjoyment of life in the present is a logical attitude for the person who thinks death is final. Let us see how Camus arrives at this position by tracing the emergence of his concept of the Absurd from *L'Envers et l'endroit* to *Le Mythe de Sisyphe*.

The image suggested in the title of *L'Envers et l'endroit* is that of the two sides of a piece of cloth and, in this work, it is the two sides of the cloth of life that are in question. Camus contrasts depictions of suffering – anxiety about death, loneliness, poverty, illness, and old age – with 'toute la lumière du monde',[12] the beauty, sensual gratification, and joy provided by 'la Méditerranée', principally Algeria, and Italy, a country he visited in 1936. The emphasis in these 'essais' is placed most decisively on the depressing and negative aspects of existence, on the perspectives of death and human misery. However, behind the prevailing and formidable gloom, the other side of the stuff of life is kept gently in view, finally emerging with force in the last 'essai':

> Un homme contemple et l'autre creuse son tombeau: comment les séparer? Les hommes et leur absurdité? Mais voici le sourire du ciel. La lumière se gonfle et c'est bientôt l'été? . . . Le grand courage, c'est encore de tenir les yeux ouverts sur la lumière comme sur la mort.[13]

The full picture that arises from *L'Envers et l'endroit* is that of a man who is fully aware of existence as pain and suffering and yet who is reconciled to it because the black is fully compensated by the white. Camus's position at this stage is a determination to enjoy all the pleasurable aspects of life, whilst preserving a complete lucidity about its gloomier side. Life is to be embraced passionately within the context of death and lucidity before death generates in itself an intense desire to exhaust life's potential: 'Il n'y a pas d'amour de vivre sans désespoir de vivre'.[14]

There is, then, a dialectical movement in Camus's early work between the pain and pleasure of existence. Nature is seen in ambiguous terms, both menacing, in that it brings malady, old age, and death, but also positive, in that it provides man with his greatest joys. Man is to accept lucidly and to live fully this challenge of the dialectic of life. Religion is depicted as an escape from such a challenge. Basically rooted in anguish caused by the fear of death and loneliness in old age, religious beliefs rob us of our lucidity and our courage. God is compensation for the diminishing forces of life: the young and the healthy have no need of God. Camus at one moment refers in the following terms to a half-paralysed old lady clutching a stucco Christ:

> On sentait cette vieille femme libérée de tout sauf de Dieu, livrée tout entière à ce mal dernier, vertueuse par nécessité, . . . plongée enfin, et sans retour, dans la misère de l'homme en Dieu. Mais que l'espoir de vie renaisse et Dieu n'est pas de force contre les intérêts de l'homme.[15]

Here, in a clear reference to Pascal, who spoke of 'la misère de l'homme sans Dieu', Camus redefines the famous wager: man should bet on life in this world and he will inherit this world all the more fully the more lucidly he accepts death as final.[16]

If *L'Envers et l'endroit* emphasizes the negative aspect of existence,[17] Camus's next work *Noces* (1939), again a collection of 'essais', places the accent firmly on the joys of life. *Noces* celebrates the nuptials of man and the earth. In lyrical evocations of Tipasa, Djémila, and the beaches of Algiers, Camus voices his love of life without apology: the sea and the sun consecrate man's union with the world order whilst a lucid appraisal of the reality of death provides added incentive to exhaust life's potential. The natural order is not an exotic backcloth nor an escape, nor is the lyricism excessive or self-negating: the natural order has become Camus's ally, despite all its ambiguities, and is his only certainty.[18]

From the religious viewpoint, the idea of death as the basis of faith is maintained but the anti-religious argument is extended. Faith is seen as a veritable obstacle to intense enjoyment of life, as something which turns us away from the kingdom of this world. Religion also deprives us of our courage: we should face our condition without recourse to myth.

In *Noces*, Camus achieves an interesting state of harmony with the world order. He declares himself unashamedly happy and his accord with existence is complete. In the name of this sense of completeness and happiness, he is prepared to accept all aspects of existence and comes close to believing that 'tout est bien sous le soleil'.[19] This is how he describes his joy in Tipasa.

> J'avais au cœur une joie étrange, celle-là qui naît d'une conscience tranquille. Il y a un sentiment que connaissent les acteurs lorsqu'ils ont conscience d'avoir bien rempli leur rôle, . . . d'être entrés en quelque sorte dans un dessein fait à l'avance. . . . C'était précisément cela que je ressentais: j'avais bien joué mon rôle. J'avais fait mon métier d'homme et d'avoir connu la joie tout un long jour ne me semblait pas une réussite exceptionnelle, mais l'accomplissement ému d'une condition qui, en certaines circonstances, nous fait un devoir d'être heureux. Nous retrouvons alors une solitude, mais cette fois dans la satisfaction.[20]

It is this immediate sense of happiness which leads him to reject 'tous les "plus tard" du monde',[21] to question the validity of 'les mots d'avenir, de mieux-être, de situation',[22] and to claim, in an interesting reference to Plotinus,[23] that the unity of the One exists 'sur la terre . . . en termes de soleil et de mer'.[24] Camus in *Noces* offers man moments of grace in nature without God, an alternative to Christian paradise and the next world, for such moments bring immediate fulfilment in this world and are certain. Meursault's outburst against 'l'aumônier' will contain many echoes of such ideas.

Noces also tells us that nowhere are these certainties of existence more appreciated than in Algiers, where the young people, these 'dieux de l'été', wager everything on this world. Without a sense of sin, living by a simple, practical moral code, and enjoying the splendour and greatness of their country and their own bodies, the young Algerians represent, for Camus, a new order of civilization, based on lucid acceptance of death, and it is an order infinitely more appealing than Christianity.[25] Meursault, although we are never told that he is a French Algerian or Algérois, is part of this new order of man. It is possibly in *Noces* and especially in 'L'été à Alger' that Camus comes closest to giving us a sense of the happiness possible for man in a world governed by death and to convincing us of his own capacity to come to terms with existence.

The ideas in these two early works are developed by Camus in his first major philosophical essay, *Le Mythe de Sisyphe*. Here he enlarges his notion of the Absurd far beyond the fact of death. The ostensible theme of the essay is the relationship between suicide and a belief in the vanity of existence. Camus asks the question, in a fairly rhetorical manner: if one accepts that existence is absurd, is not suicide a logical response to such a belief? If you are going to die eventually, why not anticipate the event rather than await the arbitrary decision of nature? In trying to answer these questions, Camus probes the causes of awareness of absurdity and then assesses what he calls the *logical* implications of these ideas to establish whether suicide is a consistent and logical response.

Essentially Camus sees the Absurd as arising from a confrontation between what he considers to be three quite instinctive human desires and the nature of the world order which constantly frustrates these desires. For Camus, we all desire clarity, order, and permanence, but we find that our experience of existence is based on opacity, dispersion, and the certainty of our own mortality and thus ephemerality. When man, prompted by his innate desire for 'la clarté', poses the question: why do I live, why does the world exist?, he can find no answer. The world remains silent and indifferent, opaque before man's appeal. The desire for clarity is frustrated by the irreducible strangeness of all that exists. Similarly, our actual desire for some kind of ordered unity with the world is frustrated by the dispersion of our experiences. We cannot reduce our experiences to a coherent, meaningful totality, for our consciousness constantly separates us from any sense of unified purpose in things. In terms of our desire for permanence as well, we are doomed to frustration, for this desire finds nothing but the mathematical certainty of death and the hopeless sense that we are trapped in the inexorable passage of time. Our condition, in this respect, is identical to the man condemned to death, awaiting execution: we all await the guillotine or the noose of time.

Reason, science, and modern physics cannot resolve these dilemmas for us. All simply bring us to a heightened awareness of our impotence, when trying to answer fundamental questions. Religious philosophies have tried to extricate man from his impasse, but Camus rejects such philosophies as suspect and empirically unverifiable. He does not argue that God does not exist, but simply that it is impossible to claim that he does. Thus, the Absurd becomes for Camus the inevitable product of the relationship between rational consiousness and the world order – 'l'état métaphysique de l'homme conscient',[26] the concept at which man *must* arrive in his search for truth. It is certainly not the truth man wants to discover: he desires a formula which would clarify and unify the world, his presence in it, and his departure from it. The disproportion or 'écart' (gap), between what man would like and the extent to which he is able to satisfy his desires, gives rise to the sense of absurdity. However, if we are to be logical and consistent, Camus goes on, we should maintain the truth that we have discovered, whether or not that truth is frightening. To deny it or to hide from it is to prostitute the essential truth of our condition.

If such a truth is to be maintained, none of the elements at the root of its genesis is to be denied. Thus, our desires for clarity, order, and permanence, the opacity and dispersion of the world, the certainty of death, all these features must remain if we are to avoid running away from the Absurd.

Lucidity and a refusal to lie are of paramount importance.

Having established this, Camus is then able to return to the initial question of suicide. He speaks of two forms of suicide, physical and intellectual, and rejects both as illogical escapes from the truth. Physical suicide, actual self-destruction, destroys the absurd by eliminating consciousness and thus the desires at the root of absurd awareness. It is an illogical evasion. As for intellectual suicide, here Camus attacks the Christian existentialist argument that because life is absurd without God, this in itself constitutes a necessary proof of the existence of God. Christian existentialism, he claims, uses the Absurd as a 'tremplin d'éternité',[27] a spring-board to faith. Awareness of the Absurd which leads to the arms of a consoling divinity is an illogical leap or 'saut', which can only be accomplished by the destruction of the intellect or reason. Lucidity is sacrificed to God.

If physical and intellectual suicide are inconsistent responses to the Absurd, what possibilities are open to us in such a world, what attitudes can we adopt without falling into illogicality? At this point Camus illustrates his argument by creating an imaginary figure, *l'homme absurde*, who embodies many of the ideas contained in *L'Envers et l'endroit* and *Noces*. *L'homme absurde* possesses three principal attributes, 'la révolte', 'la passion', and 'la liberté' – revolt, passion, and freedom. How do these attributes illustrate consistency with the Absurd? First, revolt is a refusal to despair at the truth, a rejection of spurious hope, and a lucid acceptance of the limits of reason, without implying resignation. The Absurd is born of dissatisfaction and frustration; revolt, in acknowledging this, will transform the dissatisfaction into a determination to live life in total lucidity without recourse to evasion. This determination will engender passion: *l'homme absurde*, confronted with death, decides to live his life as fully as possible. His passion must never make him forget the certainty of death, but draw energy from this awareness.

Revolt and passion will enable the absurd man to live his

destiny with logical consistency. He illustrates in both his desire to live, his dissatisfaction with death, opacity, and dispersion, and his overall lucidity. In being able to live the paradoxes and tensions of the Absurd, he shows courage and tenacity as well, and his reward for this will be to snatch a certain kind of lucid happiness from a hopeless situation. *Recognizing* the dilemmas of our condition is already, morally, to master them. This is why Camus chooses the mythical Sisyphus as a point of reference in his essay. Condemned by the Gods to pushing a stone up a hill, only to see it roll down again, Sisyphus does not despair or long to escape. Courageously, with total lucidity, and devoid of all hope, Sisyphus pushes the stone, knowing that his efforts are sterile. In silently defying his fate, Sisyphus becomes for Camus an exemplary figure, an illustration of *l'homme absurde*. If Sisyphus had had the consolation of religion or recourse to strategies of hope and evasion, he could not have displayed the courage, tenacity, and intensity of attitude demanded by lucidity. There could be no real revolt, no real passion, if God governed Sisyphus's world. Thus, says Camus, 'Il faut imaginer Sisyphe heureux'. As in *Noces* and *L'Envers et l'endroit*, a potentially tragic situation becomes a source of happiness and the happiness is related to a lucid acceptance of all aspects of existence. Sisyphus judges that 'tout est bien'[28] and achieves an accord with his destiny.

The third characteristic of *l'homme absurde* is perhaps the most interesting from the point of view of *L'Etranger* and is certainly the most complicated: his notion of 'liberté'. 'Il n'y a pas de lendemain. Voici désormais la raison de ma liberté profonde.'[29] The absurd man finds one source of his freedom in no longer being the slave of the future. In his revolt against death, he is concerned with exhausting the potentiality of the present. Long-term plans and aims which inhibit his response to the immediate are to be rejected, since death makes every moment precious and uncertain. At the same time, he cannot be said to have free-will: such a notion is linked, in Camus's mind, to God and to whether God is man's master or not and so has no meaning within the agnostic framework of the absurd.[30] Yet a further source of freedom arises for *l'homme absurde* in respect of traditional, absolute notions of good and bad. There are no absolute principles in an absurd world, hence no notion of evil or sin. From the perspective of death, all actions are of equivalent value. *L'homme absurde* is thus free to do as he chooses, provided that he maintains his lucidity.

Experience of the absurd, far from leading to suicide, will bring man a sovereign independence:

> La divine disponibilité[31] du condamné à mort devant qui s'ouvrent les portes de la prison par une certaine petite aube, cet incroyable désintéressement à l'égard de tout, sauf de la flamme pure de la vie, la mort et l'absurde sont ici . . . les principes de la seule liberté raisonnable.[32]

The image of the man condemned to death becomes a metaphor of our condition and of our freedom: since we are all condemned, we should all exhaust the potentialities of the finite in a world where absolute values no longer exist.

The relationship between love of life and Camus's social thought and his attitude to values in *Le Mythe de Sisyphe* is of particular interest. As in *Noces*, a sense of accord between man and destiny provides a feeling of contentment leading to ethical detachment: 'tout est bien'.[33] This detachment comes close to moral nihilism, since, if all is well, all is acceptable, especially if all actions are of equivalent value. Camus himself, however, was aware of the dangers of this detachment, although he confesses to having experienced it and to having felt its attraction.[34] His awareness of death produced in him a sense of destiny and an ethic of quantity (exhaust life's potential) rather than quality. *L'Etranger* would appear to draw some of its features from the tension in Camus's thought between social values and 'la divine disponibilité du condamné à mort . . . cet incroyable désintéressement à l'égard de tout, sauf de la flamme pure de la vie'.[35] The fact, however, that Meursault is condemned to death for murder can in one sense be seen, as will be argued later, as Camus's final admission to himself that 'la divine disponibilité' is not an adequate base for life.

To close this analysis of Camus's early works, it is also necessary to add that Camus in his private life was never a nihilist. Even at the time of *Noces*, a highly individualistic work, Camus is aware of social and political problems and despite his 'indifférence naturelle', as he called it, this awareness checked his belief that 'tout est bien sous le soleil'. Both his membership of the Communist party in pre-war Algeria,[36] his political journalism of the same period,[37] and his early endeavours in the theatre[38] underscore his involvement in social issues. However, it is Nazism, the Second World War, and the Resistance movement which eventually pressurize Camus into a full intellectual analysis of his moral position. The war destroyed any residual sense of detachment: the man who argued in *Le Mythe de Sisyphe* that all actions were of equivalent value had little moral base for a condemnation of the Nazi atrocities that revolted him. Camus joined the Resistance and the second phase of his development, the period of *Révolte*, concentrates on the question of moral values in a world still considered devoid of meaning. Such a development is not surprising: everywhere in *Le Mythe de Sisyphe* there is an attachment to values, despite the declared belief in equivalence. Acceptance of equivalence in real terms would mean acceptance of suicide, both physical and intellectual. Neither Camus, nor indeed Meursault, could accept equivalence in these terms: lucidity and happiness are not so easily reconciled.[39]

What emerges from *Le Mythe de Sisyphe* is, in many ways, a eulogy of stoical values before fate with an emphasis on spiritual tranquillity by detachment. However, Camus also stresses positive enjoyment of life, without guilt and in a world without sin. The stress on prelapsarian, innocent enjoyment of life in total lucidity before death recalls the moments of grace without God in *Noces*. An essentially pagan set of beliefs is Camus's answer to the religious view of life.

CAMUS AND THE NOVEL: PHILOSOPHY AND CLASSICISM

A significant dimension of Camus's intellectual development at the time of *L'Etranger* and *Le Mythe de Sisyphe* is his meditation on general questions of art and on the novel form in particular. Whilst it is true that Camus's own views and theories are not essential to our understanding and appreciation of *L'Etranger*, it can also be argued that they provide several illuminating perspectives on his practice as a novelist.

Camus's thoughts on art during the early period revolve around two main themes: the relationship between philosophy and art in general and, specifically, between ideas and the novel; and, secondly, the theme of 'classicisme' and what it means, for Camus wanted to be what he called 'un écrivain classique'. He outlines his thinking on the subjects in the *Carnets*, in the artistic section of *Le Mythe de Sisyphe* (entitled 'la création absurde'), in his reviews of Sartre's *La Nausée* and *Le Mur*,[40] and in two essays, *L'Intelligence et l'Echafaud* (1943)[41] and *L'Introduction aux Maximes de Chamfort* (1944).[42]

> Un roman n'est jamais qu'une philosophie mise en images. Et dans un bon roman toute la philosophie est passée dans les images. Mais il suffit qu'elle déborde les personnages et les actions, qu'elle apparaisse comme une étiquette sur l'œuvre, pour que l'intrigue perde son authenticité et le roman sa vie.[43]

This statement, expressed in his review of *La Nausée* and echoing others of a similar kind in the *Carnets*,[44] contains the nucleus of a major argument in *Le Mythe de Sisyphe*: that there is no real opposition between philosophy and art, ideas and the novel. In Camus's eyes, all great novelists are, in a sense, failed philosophers and no great work of art is possible, unless it poses philosophical ideas of substance. The difference between philosopher and artist is not one of substance or material, for both explore existence, but of technique. The artist concentrates on the concrete and the particular and is absorbed by the possible, multiple meanings of such particulars, by the irreducible complexity of situations. The philosopher, however, abstracts from the concrete and particular to formulate categories which attempt to define and rationalize experience in universal terms. In the work of art, ideas become flesh and blood: if they do achieve universal significance or relevance, it is not in terms of category or system but because they arise in particular, concrete circumstances, open to a variety of interpretations involving general human problems. To this extent, the work of art can never really be categorized: it is an inexhaustible source of meanings, rooted in the equally inexhaustible complexity of experience. If our experiences could be explained in terms of reason and category, art, in Camus's view, would not exist: 'Si le monde était clair, l'art ne serait pas'.[45] Although art is a formal structure and, thus, does represent a kind of order, art begins where reason meets the limits of its powers. In other words, the genesis of art and the particular properties of a work of art underline the incapacity of human consciousness to *explain* experience or to capture life in clear conceptual terms. Abstraction is thus the enemy of art and ideas in the novel must never be baldly presented or explicit. Art and the Absurd are thus linked through the idea that no final, definite explanation of experience is possible. At Meursault's trial, it will be conventional society's belief in explanation, its lack of a sense of the Absurd, which will be contrasted with the reader's sense of uncertainty and our inability to reduce Meursault's act of murder to clear cut notions.

The same distrust of abstraction and system is evident in Camus's discussion of 'classicisme'.

On dit que Louis XVI, sur le chemin de la guillotine, ayant voulu charger un de ses gardiens d'un message pour la reine, s'attira cette réponse : «Je ne suis pas ici pour faire vos commissions, je suis ici pour vous conduire à l'échafaud». Ce bel exemple de propriété dans les

termes et d'obstination dans l'emploi, me paraît s'appli-
quer . . . à une certaine tradition classique du roman
français. Les romanciers de cette famille se refusent aux
commissions et leur seul souci semble être de mener
imperturbablement leurs personnages au rendez-vous qui
les attend.[46]

The classical writer, in Camus's view, leads you straight to
the guillotine. His work says 'ce qu'il faut' and 'seulement ce
qu'il faut';[47] the superfluous and the diversionary are elimi-
nated: 'tout se ramène à l'essentiel'.[48] The classical work is
thus characterized by a singular unity of purpose and concentrated simplicity of design, so that all its elements are formulated in the most economical and reduced terms. The greatest
art says the least in order to mean the most:

> La véritable œuvre d'art est celle qui dit moins. Il y a un
> certain rapport entre l'expérience globale d'un artiste . . .
> et l'œuvre qui reflète cette expérience. Ce rapport est
> mauvais lorsque l'art donne toute l'expérience entourée
> d'une frange de littérature. Ce rapport est bon lorsque
> l'œuvre d'art est une part taillée dans l'expérience,
> facette de diamant où l'éclat intérieur se résume sans se
> limiter. Dans le premier cas, il y a surcharge et littérature.
> Dans le second, œuvre féconde à cause de tout un sous-
> entendu d'expérience dont on devine la richesse.[49]

The classical work is one facet of a diamond which resumes
all its interior light and achieves its impact by its conciseness,
the optimal minimum of expression. This economy of purpose leads the classical writer to favour the implicit and suggestive rather than the explicit and clear. It also means that he
must make maximum use of every detail. In a classical work
every element is significant and relevant to all other elements;
nothing can be overlooked. 'Etre classique c'est se répéter
et savoir se répéter'.[50] Style and content, the single detail,
the single sentence, all the parts express the whole and vice
versa. The classical work monotonously repeats itself, but it

is an admirable monotony since it is born of the quest for perfection. It will be clear to any reader of *L'Etranger* what Camus's first novel owes to such ideas of integrated repetition and monotony.

Such a work of art demands great self-discipline of the artist. He must master his material and strive for 'objectivité'. Camus agreed with Gide's definition of classicism as a 'romantisme dompté'. Emotion had to be disciplined in order for it to be conveyed effectively in art. Lack of restraint leads to verbosity but not intensity, melodrama not passion. Sobriety and subtlety constitute the classical. This emphasis on self-control and discipline leads Camus to say of classical writing: 'si cette littérature est une école de vie, c'est justement parce qu'elle est une école d'art'.[51] Classical writing represents a kind of victory of the self over the excesses of language and life, over the anarchy of experience.

Classical restraint, however, should not lead to the systematic or the artificial. In his article on Chamfort, Camus attacks the form of the maxim. The maxim captures experience in an artificial manner: it strives to create witty antitheses and, in an effort to be stimulating, clever effects of language. The maxim achieves its purpose, however, only by forcing experience into general notions which betray its complexities.

> Nos plus grands moralistes ne sont pas des faiseurs de maximes, ce sont des romanciers. Qu'est-ce qu'un moraliste en effet? Disons seulement que c'est un homme qui a la passion du cœur humain. Mais qu'est-ce que le cœur humain? Cela est bien difficile à savoir, on peut seulement imaginer que c'est ce qu'il y a de moins général au monde. C'est pourquoi . . . il est bien difficile d'apprendre quelque chose sur la conduite des hommes en lisant les maximes de La Rochefoucauld.[52] Ce bel équilibre dans les phrases, ces antithèses calculées . . . cela est bien loin des replis et des caprices qui font l'expérience d'un homme.[53]

If the maxim fails to capture the specific, ambiguous, and secret movements of 'le cœur humain' because of its generalized artificiality, the classical writer has to guard against the danger of self-discipline becoming artificial control. For this reason, and here Camus's arguments relate to the discussion about ideas in the novel, the classical writer must stay firmly rooted in the concrete, everyday experiences of life, the life-blood of the artist: 'le roman seul est fidèle au particulier. Son objet n'est pas les conclusions de la vie mais son déroulement même'.[54] The novelist should start from precise, concrete particulars coming from the ambiguous complexity of existence and strive for a formal structure which is simple but not simplified, expressive but not wordy, stylized but not artificially so.

This preoccupation with the concrete does not imply that the meaning of a particular work is limited to such details. On the contrary, Camus was very interested by myth and saw the essence of modern myth as the simultaneous narration of the everyday and the eternal.[55] Melville's *Moby Dick* is a great modern myth, since it operates both as a symbolic narrative about Ahab and evil and as a great whaling adventure. The concrete situation with its emphasis on the naturalistic and familiar reality of everyday life should be endowed with a symbolic and mythical function that makes its presence felt discreetly at certain moments in the text. Camus was particularly interested from this point of view in Kafka's work and noted how the reader has to keep rereading his novels in order to seize the complex relationship between concrete detail and symbolic associations.[56] In his own fiction, Camus develops his narratives both on a social plane and on a philosophical and mythical one, holding the attention of the reader largely because of the subtlety of this relationship. Meursault's narrative will move from the private and everyday details of the concrete world of Algiers to the public drama of the trial and condemnation to death: a 'simple' office clerk will become the vehicle of a complex vision of existence.

It seems plausible to suggest that Camus's views on art and the novel really spring from a single source: his conviction that art is born at the moment when reason discovers its own impotence to explain or reduce the complexity of existence. Art is born in uncertainty and ambiguity. His conception of the novel as one facet of a diamond; his quest for a minimal expression, for the implicit and the sous-entendu; his preoccupation with the concrete and the particular to activate ideas; his love of symbol and myth; all these notions originate in his attempts to capture in formal terms this uncertainty and ambiguity; to produce a work which would have all the tensions and diversity of existence, beneath its simplicity of design. *L'Etranger* with its highly orchestrated 'parallélisme' of structure (discussed later), can be viewed as such a work. The enormous diversity of critical comment which it has generated points both to Camus's success as an artist and, possibly, to the risks of misunderstanding that his technique may entail.

L'ETRANGER: AN ANALYSIS

The international acclaim which *L'Etranger* has enjoyed since its publication[57] is rooted, in large measure, in the philosophical, moral, and legal interest of the text. However, it is the brilliance and subtlety of the narrative organization which guarantees that we read the work with maximum attention and find its intellectual implications absorbing. The reader of *L'Etranger* senses that all its parts are dynamically related, that all particular details are charged with significance and relevance, and that its surface simplicity conceals a depth of meaning which challenges and excites our interpretative powers. Meursault's dramatic moment of self-affirmation in the closing pages seems to provide both a key to the unity of the work and to his own hitherto enigmatic attitudes to his mother's death, to the murder, to the question of guilt, and to his attitudes to life in general. Camus, like Kafka, makes us reread and re-examine the beginning as a function of the end. Yet, when we do this, elements of opacity and ambiguity remain and we certainly do not share the confident, absolute judgements of the prosecutor in respect of Meursault's views. The work and its central character retain a dimension of mystery and irreducibility, resisting our attempts to impose a final and secure meaning. Such effects do not simply arise from the complexities of the experiences described, but from Camus's novelistic art and its sources in his experiences of the Absurd. How does Camus achieve such effects?

The feature of L'Etranger's design which has attracted more critical attention than any other is the temporal relationship between the narrator, Meursault, and his narrative. So much has been written about the possible time, or times, at which Meursault narrates what we are reading that it is tempting to conclude that Camus adopted a narrative strategy that would ensure that every detail of his novel was subject to scrutiny. What is also interesting is that, despite this volume of analysis, Fitch, who more than any other critic has focused attention on this matter, concludes: 'En dernière analyse, une interprétation tout à fait cohérente de la structure narrative du roman qui tiendrait compte de toutes les données du texte sans exception ne paraît pas être possible'.[58] The impossibility of giving a completely coherent account of the time perspectives of the narrative does not appear to arise from an oversight on Camus's part but from a deliberate strategy: a coherent pattern could have been established but it would have oversystematized existence and destroyed the sense of the Absurd and the irrational that he is trying to create. To understand the effects of ambiguity that Camus is able to achieve in this way, it is necessary to look at the manner in which the problem arises in the text.

The first part of L'Etranger, covering the eighteen days from the Thursday, when Meursault receives the telegram, to the Sunday of the murder, conveys the impression of a kind of diary in which the protagonist records events. Ignoring for the moment the likelihood or otherwise of Meursault keeping such a diary, we see that the chapter divisions, which seem like entries in a diary, involve different moments of

narration. For example, the details of Chapter One, recording the events of Thursday and Friday, appear to stem from
two different narrational moments: Thursday towards mid-
day, for the first two paragraphs and, for the rest of the chapter, Friday evening. The use of 'maintenant' introduces an
element of doubt, however,[59] and can make us think that a
greater period of time has elapsed than we initially judged.
The second chapter records the events of the weekend and
again has two narrational points, the Saturday itself (until
p. 78) and then the Sunday evening. Chapter Three, describing the events of the Monday, appears to be recorded on the
evening of the same day. The fourth chapter introduces a
complication: it appears to record details of the week's activities, especially Saturday and Sunday, from the perspective
of the Sunday evening, hence the words 'Hier, c'était
samedi' (p. 89) and 'ce matin' (p. 90). However, the last part
states, after Meursault has finished talking to Salamano:
'Mais il fallait que je me lève tôt le lendemain'.[60] Chronological logic would dictate 'demain', so Meursault must be
recording this *after* the Sunday which governs the rest of
the narrational movement. He has shifted his perspective at
an unknown moment. Chapter Five describes the events of a
single, unspecified day before the Sunday of the murder and
involves one, unspecified, narrative moment. In the last
chapter of Part One, the events of the Sunday of the murder
are described, with a brief reference to the visit to the
police station the day before. The closing sentences appear to
suggest a narrative moment which embraces Meursault's
knowledge of the outcome of the events described, the consequences in terms of the trial and the verdict: 'et c'est là, dans
le bruit à la fois sec et assourdissant que *tout a commencé*.[61]
. . . Et c'était comme quatre coups brefs que je frappais sur
la porte du malheur'. These sentences may simply indicate
the certainty on Meursault's part that he has destroyed his
happiness,[62] but they can also give rise to the idea that all the
events of Part One, *despite initial impressions*, have the same
narrational moment, some time after the condemnation to

death. This could imply, since all the events of Part Two, which covers synthetically the eleven months from Meusault's arrest to the trial, appear to spring from one narrational moment after the verdict, that the whole work is written from one time perspective. Fitch locates this moment at the beginning of the last chapter, where Meursault uses present tenses and a future tense ('je le verrai bien assez tôt'[63]) before returning to reconstruction of the past. Such a view would mean that the quarrel with 'l'aumônier' has already taken place at this moment and that Meursault's third refusal is also after that quarrel.[64]

Although such considerations may seem abstruse and very marginal to the moral and philosophical implications of *L'Etranger*, important consequences can arise from them when we interpret the novel. For example, Fitch explains Meursault's detached attitude to the events of Part One as psychologically related both to his knowledge that he is condemned to death and to the fact that he is reconstructing things some twelve months after the events. This would certainly conflict with a view which saw Meursault's detachment as fundamental to his attitude at the time and not a retrospectively achieved state of mind. It can also be advanced that if the narrational moment of the whole text is after the trial, Meursault's record of events in Part One can be seen as a subtle 'plaidoyer', his own counsel for the defence and one which is designed to gain the reader's approbation and sympathy. If it is such a 'plaidoyer', it can naturally be suggested that Meursault's choice of details is highly selective; that the whole account is 'truqué' or tailored to his own advantage to minimize the fact of murder and to exculpate himself, whilst throwing the reader into considerable doubt about the reliability of the legal machinery of the social order and the ready-made, platitudinous logic of the public prosecutor.[65] On the other hand, if we accept that there *are* different narrational moments and that sections of Part One are written before the trial,[66] the question can be asked: how does Meursault know what details to include in

Part One, if he does *not* know what is going to happen, since the account of the eighteen-day period is highly selective and yet completely relevant to the trial? Certain critics have resorted to the idea of a retrospectively 'edited' diary to answer such questions.[67] Once conjectures like this are possible, it may be thought that the door is wide open for further questions and suggestions: we may wonder how it is that Meursault is such an accomplished writer and sophisticated stylist. In a sense, Camus has left room for such speculations, since the text does not tell us that Meursault *is* executed or even that his 'pourvoi' *is* rejected.[68] Meursault may have written all this whilst serving a life-sentence and handed it to Camus at some stage! The serious point to draw from such an analysis is surely that the search for a conventional, realistic coherence in the narrational and temporal framework leads us to the point where we accept that we are dealing with a work of art, functioning in terms which cannot be reduced to linear chronology or logic and that Camus has designed the work to bring us to this perception. The interpretative possibilities of the text are enriched by this narrative feature and this adds to our aesthetic pleasure, whilst also preserving the fascination of Meusault's account.

Another aspect of the narrative structure to attract critical attention, and one which the ordinary reader can identify more readily, is what Camus himself called 'le parallélisme des deux parties',[69] the series of correspondences which exist between the two parts of the text. Such correspondences operate in a basic, but not unsophisticated way by the repetition of certain words or phrases, and also in terms of the general structure of the book itself, for the second part is a kind of re-examination of the first. Such correspondences constitute eventually a set of resonances within the text, contributing to a sense of its aesthetic unity and its intelligibility entirely within its own terms, if we probe far enough. They also illustrate Camus's attempt to give expression to his idea: 'Être classique, c'est se répéter et . . . savoir se répéter'.[70]

L'Etranger's formal division into two parts of six and five sections, with the sixth section of Part One, describing the murder, acting as a kind of fulcrum of the text is frequently cited as the most obvious expression of this 'parallélisme'. All the details of Part One, including incidentally some which do not figure in the cases for the prosecution and the defence,[71] are relevant to the trial; the second part of the book becomes a meditation on, and an interpretation of, the first part. The effect of this is to throw the reader into a position where he must compare and contrast his own impressions of the details of Part One with the views put forward by the court and the various witnesses called. Throughout Part One the reader tries to make some sense of, and to evaluate, Meursault's attitudes and personality, although they remain largely enigmatic: we cannot say with any great certainty just what he feels or doesn't feel about his mother's death, nor is it clear what exactly happens when the murder takes place. In Part Two, the court case becomes more and more centred precisely on Meursault's attitudes and personality and the reader finds his own subjective uncertainty confronted by the self-confident, absolutist logic of the prosecution. We are unlikely to accept the prosecution's case without question and we go back to Part One to reconsider, aware of the shortcomings of human justice, especially in respect of capital crimes.

This parallelism is detectable in all sorts of other areas of the novel. Both parts end on notes of considerable dramatic intensity which rupture the prevailing sense of understatement and flatness and correspond to Meursault's intensity of perception at these moments: the murder scene and the angry outburst at the chaplain lead to a definite intensification of rhetorical effects as Meursault experiences the oppressive force of the sun and the overbearing and unwanted presence of the Christian viewpoint, with its lifeless certainties (as Meursault sees it). Also, running through both parts, linking the burial to the murder and the theme of death to the meditation on execution is the recurrent image of the 'mère décédée'. From the dramatic opening of the novel, the dead mother haunts the pages of *L'Etranger*, so much so that it has been suggested that Meursault's condemnation is his mother's posthumous revenge on her son for lack of 'appropriate' filial sentiments towards her.[72] It is certainly the idea of death which provides a basic thematic unity to *L'Etranger*: death of the mother, death of the Arab, Meursault's death, the Christian view of death. The whole work is formally designed to bring to a head in the closing pages two very different ways of looking at death and existence in general: Meursault's way, which draws its inspiration from the Mediterranean paganism of *Noces* and *Le Mythe de Sisyphe*, and the Christian way, with its emphasis on sin, redemption, and the next life. Camus has brought Meursault to the point of execution to deliver an attack on a set of social and religious values which can be seen as life-denying. The fact that he does this by using a man who has killed another man constitutes a dramatic challenge to the reader's moral sense.

An important aspect of this relationship between the two parts of *L'Etranger* and one which dominated critical approaches to the novel for many years[73] concerns Meursault himself and his level of awareness. Many critics felt that the Meursault who turns on 'l'aumônier' in the closing pages is a *substantially* transformed person from the Meursault of Part One. The early Meursault, according to such interpretations, is a kind of instinctive individual, living from day to day, in a fairly unreflected and quasi-mechanical way, preoccupied with the routine business of life – his meals, his mundane job, sleeping, and his weekend pleasures on the beach. The murder breaks that routine, which is scarcely disrupted by the mother's death, and confronts Meursault with the loss of his freedom and the fact of death. This, in turn, initiates a process of reflection which brings Meursault to a concious position of revolt; an instinctive pagan suddenly realizes the value of the life he loves, consciously assumes his attitude, and defiantly defends it against those Christian, middle-class forces which ask him to deny it. This interpretation posed in turn the problem of whether such a change was psychologically convincing or had Camus simply produced a character who failed to pass the test of verisimilitude, for mediocre office clerks are not likely to acquire the oratorical skills of heroic self-affirmation.

The debate about Meursault's possible evolution and coherence was further intensified by Camus himself, who intervened by writing the 1955 preface to the American schools edition (included in this edition). In this, he defends his character against charges that he is 'une épave'. Meursault is 'un homme pauvre et nu, amoureux du soleil. . . . Loin qu'il soit privé de toute sensibilité, une passion profonde, parce que tacite, l'anime, la passion de l'absolu et de la vérité' (p. vi–vii). As soon as the book was published, Camus wrote in the *Carnets* a number of comments expressing his dissatisfaction with his critics and one comment explicitly rejects the idea that Meursault undergoes any substantial change: 'Remarquez d'autre part qu'il n'y a pas rupture dans son personnage'.[74] Predictably, Camus's comments opened up the old debates about a writer's intentions and their relevance to his works and whether his views can claim any special status in critical interpretations. Whatever side one takes on that issue, Camus's intervention certainly ensured a closer reading of his book by his somewhat offended critics.

Camus's strategy in respect of Meursault is to present a man 'sans conscience apparente'[75] and to surround him with a secret world of enigmatic comments. The reader will only discover the central core of Meursault's personality in the closing pages, when he reveals 'tout le fond de [son] cœur' (p. 155) – his belief in the equivalence of all things before the certainty of death. Camus, faithful to his conviction that the true artist says the least, deliberately understated the position of Meursault in Part One in order to give it maximum effect (some would say overstate it) in Part Two. The strategy, in one sense, failed, because Camus was misunderstood, but, in another, it succeeded, because it generated critical debate and enhanced the novel's fascination by creating ambiguity.

The question of Meursault's awareness and evolution is best dealt with by a close reading of the text. Despite impressions, generated in large measure by a narrative style which reflects the discontinuous and fragmented nature of his experience (see below), Meursault is no automaton nor unreflecting mediocrity. His rejection of love and of the importance of marriage, when questioned by Marie, (pp. 90 and 95) his description of careerism and ambition as 'sans importance réelle', (p. 95) when his 'patron' offers him promotion in Paris, his partially philosophical view 'on ne changeait jamais de vie, . . . toutes se valaient', (p. 95) all these point to a level of conscious awareness on Meursault's part in the first half, but we do not have direct access to the full details of the significance of such awareness 'dans le fond'. A key sentence in the final speech, with its careful use of tenses ('J'avais eu raison, j'avais encore raison, j'avais toujours raison') (p. 155), also points to some sort of reflexive continuity and psychological unity within the character. Once the reader is satisfied that the early Meursault's behaviour is informed largely implicitly but sometimes more explicitly (as indicated) by the attitudes and views revealed in the closing pages, it is possible to probe further into other aspects of Meursault's thinking, involving the question of his awareness of himself as an outsider, the exact nature of the frame of mind which generates these expressions of indifference,[76] and the all-important issue of his reaction to his mother's death.

Although the novel is called *L'Etranger*, Meursault does not think of himself as an outsider until the trial, when he seizes his otherness through the eyes of the people in court (pp. 131-2).[77] In a similar way, he only thinks of himself as a criminal through the assimilation of other people's judgements on him: he lives with the idea of his innocence. Meursault's relationship with the social order, in most senses, appears, at first glance, prefectly satisfactory. He has a job, works tolerably hard at it, and seems to get on well with the people he meets. His friends Céleste and Emmanuel like him, as do Marie, Raymond, Salamano, and Masson. He takes an intelligent interest in others (as is evidenced by his exchange with the 'concierge' and, incidentally, with the prison guard in Part Two) and listens attentively and tolerantly, so much so that one is inclined to accept Camus's own description of Meursault's attitude as 'bienveillant'.[78] At the same time, however, there are elements of unease in Meursault's relationship with conventional society. At Marengo, he has the feeling that the 'Directeur de l'asile' is reproaching him for something (p. 66) and that the other attenders 'étaient là pour [le] juger'(p. 70). He also feels ill at ease with his 'patron', first, when he has to ask for leave of absence (pp. 65 and 77) and, secondly, when he rejects promotion to Paris, (p. 95) for evidently Meursault senses that his level of work motivation and ambition do not match conventional expectations. Marie herself seizes the latent tension between Meursault and society when she calls him 'bizarre' explaining her love for him precisely because of this quality, but anticipating simultaneously that one day it might make her find him disgusting (p. 95). However, despite these elements of unease, Meursault is no social rebel; if he does consciously hold a set of views governing his behaviour throughout (as argued above), he *does not hold these views in a spirit of social defiance*. In Part One, Meursault is a private individual, rooted in the concrete and everyday experiences of existence. The murder brings him into the public domain and puts his attitude on trial; condemned and asked to repent, Meursault revolts. The difference between the Meursault of Parts One and Two is not one of substance and certainly not one expressible in terms of awareness. He may be said to move from a privately held, to a publicly, and finally, defiantly proclaimed attitude.

If Meursault himself does not feel an outsider in the social order, the reader certainly does have this impression to a degree from the beginning, without being able to identify precisely its causes. For example, it is difficult to make full sense of his behaviour during the vigil and at the funeral.

Meursault is conventional enough to wear a mourning-band but is no conventional participant in the events: he appears remote, physically inconvenienced both by fatigue and his extraordinary sensitivity to light, and overjoyed when he returns to Algiers. Although he tells us that he sees things with extraordinary clarity during the vigil, he also has a sense of complete unreality, and the episode is expressed in hallucinatory and nightmarish terms. Ironically, it is Meursault who feels that, for the other participants, 'cette mort, couchée au milieu d'eux, ne signifiait rien à leurs yeux' (p. 71), yet he, himself, displays no conventional signs of sorrow. The reader may be tempted, initially, to infer from Meursault's sense of unreality and his failure to coincide with events, that such reactions are an expression of his troubled state and indicative of affective disturbance, especially when he speaks of 'la terre couleur de sang qui roulait sur la bière de Maman' (p. 76).[79] However, it later becomes apparent that such perceptual distortions are linked to Meursault's hypersensitivity to the sun: they occur both on the Sunday of the murder, during Marie's visit to the prison and, of course, during the trial where it is partly his sense of unreality and non-participation, in this second social ritual, which may account for his feeble efforts at self-defence.

The key to Meursault's attitude to his mother's death, and to most of his other enigmatic views, lies in his own attitude to death and to time. When his defence lawyer asks Meursault if it would be true to say that, at the funeral, he had 'dominé [ses] sentiments naturels', he replies no; but it seems likely that the dialogue is at cross purposes (p. 112-3).[80] The lawyer considers sorrow to be a natural expression of feeling before death, but it is not clear that Meursault does so; and the lawyer's view is shaped by a set of social assumptions derived largely from Christian notions. In other words, our view as to what is natural in respect of death is shaped by convention,[81] and Meursault's views give rise to different reactions, equally natural to him. This is what really does make him an 'étranger'. It is highly significant that the words 'trêve mélancolique' used by Meursault to describe the evenings which he feels his mother must have experienced at Marengo, are repeated in the final speech, again with reference to the mother. This time, however, the meaning of 'trêve' is clearer, for it is linked to death:

> Il m'a semblé que je comprenais pourquoi à la fin d'une vic [maman] avait pris un «fiancé». . . . Là-bas, là-bas aussi, autour de cet asile où des vies s'éteignaient, le soir était comme une trêve mélancolique. Si près de la mort, maman devrait s'y sentir libérée et prête à tout revivre. Personne, personne n'avait le droit de pleurer sur elle (p. 156).[82]

The 'trêve' to which Meursault alludes on both occasions (and this is another example of his continuity of perception) is a truce between man and his destiny which is death. This truce suggests the possibility of a reconcilitation or accord between man and his existence, based on lucid awareness and acceptance of death. Death is to be faced without myths and without the social conventions of grief, for death is natural to life. At this point, Camus's *L'Etranger* contains many echoes of the themes of *L'Envers et l'endroit, Noces*, and *Le Mythe de Sisyphe*, but Camus has integrated them into his fictional structure and into the psychology of Meursault: ideas have become flesh and blood and emerge from the concrete details of 'le quotidien'. Champigny has shown that recourse to the text by itself, especially to the closing pages, suffices to make it clear that at Marengo, Meursault, the pagan, is an outsider in the Christian theatre of death.[83] In claiming that nobody had the right to weep for his mother, Meursault displays a proud individualism, based on a dignified independence before death.

It is the 'souffle obscur' of death,[84] with its power to confer equivalence on all things, which lies at the heart of the particular forms of indifference displayed by Meursault[85] and provides him with a yardstick to judge 'au fond' which aspects of existence are 'sans importance *réelle*'.[86] Meursault lives with a sovereign disregard for the future; he is rooted in the everyday and the immediate, avoiding long-term plans and unaided by social myths. His life is not oriented to any goal but is a structuring of time before death. It is perhaps one of Camus's greatest stylistic achievements to have been able to suggest these ideas by his use of the American neo-realist narrative technique.[87] This narrative style, with its minimal use of causal conjunctions and subordinations, where main clauses are juxtaposed in an unexplained succession, is perfectly adapted to complement Meursault's sense of time before death: life is simply a series of fragmented moments.[88] However, this impression of indifference and discontinuity does not make Meursault an automaton nor an individual passively submitting to the passage of time. On the contrary, Meursault loves life and refers to his contentment on several occasions.[89] This contentment is even evident when he is bored on the Sunday after the funeral and sits in contemplation on his balcony. It is true that he does not *pursue* contentment and is certainly not an escapist through hedonism: he enjoys life in silence and a kind of tranquillity, strikingly captured in the early beach scenes with their emphasis on innocence and laughter and animal coincidence with the elements. Indifference, engendered by awareness of death, paradoxically frees Meursault to enjoy the world and the natural order without guilt.

Allied to Meursault's indifference and belief in equivalence is his detachment and remoteness from certain social considerations. Meursault's preoccupations are metaphysical (death and time) not social. He has no interest in material possessions or career, or a more comfortable lifestyle or the myths of absolute love and marriage. In one way, this detachment leads to a kind of tolerance: his belief that all lives are of equal worth. It is possibly this attitude which leads Meursault, unlike Raymond, to judge that there is nothing disgusting about the nature of Salamano's relationship with his dog and to his acceptance of Raymond himself (p. 84).[90] The essence of Meursault's tolerance may be found in his view: 'on est toujours un peu fautif' (p. 78),[91] for it implies that all men bear a measure of guilt because they are not perfect. Meursault refuses to cast the first stone and to judge; and, of course, at the trial Meursault is quick to underline the irony ('la disproportion ridicule') (p. 147)[92] of the fact that the place of judgement, the court, is composed of 'des hommes qui changent de linge' (p. 147). In another sense, however, the detachment leads to the rejection of the idea that there are any absolute values of good or evil, to the refusal of sin and of expressions of regret. It is really the belief that death confers moral equivalence on all actions that is put on trial in *L'Etranger* and the novel expresses many of the tensions, found in Camus's early work, between absurdity, love of life, the natural order, and the values of society. In order to appreciate how Camus is able to articulate through Meursault, the quiet office clerk, a complex range of views about society and morality, some comments on the murder and the trial are necessary.

It is Meursault's decision to write the letter for Raymond and in this way to become implicated in Raymond's sadistic and perverse plan to punish his 'Mauresque', that initiates the train of events leading to the Sunday of the murder and brings Meursault to court. When he agrees to write the letter, Meursault appears to show little interest in whether Raymond is telling him the truth or not. Having told his story, Raymond asks Meursault if he agrees that there was 'de la tromperie' and Meursault says yes. He then asks if he agrees that the mistress should be punished and what Meursault would do in his place. Meursault replies 'qu'on ne pouvait jamais savoir, mais je comprenais qu'il veuille la punir' (p. 87)[93] Meursault thus refuses to put himself in Raymond's place (all individuals being uniquely situated in their own private worlds) but he acknowledges that he can understand Raymond's feelings. This in itself does not convey approval or disapproval: Meursault is detached from the ethical and practical implications of the plan and writes the letter with no thought for its possible consequences in the future. The execution of the plan, which puts Marie off her food (p. 91),[94] involves Meursault with the police and in making a declaration that 'la fille avait manqué à Raymond' (the truth as Meursault understands it).[95] The plan also initiates a revenge strategy on the part of the victim's brother.

The Sunday of the murder starts badly: Meursault has a headache, 'une tête d'enterrement' according to Marie (which links the murder to the funeral) and the Arabs form a menacing presence in the street, bathed in a sunlight which strikes Meursault 'comme une gifle' (p. 99). During the second encounter with the Arabs, Meursault, holding Raymond's revolver which flashes in the sun, experiences momentarily the sensation that time has stopped and that anything can happen: 'et tout s'arrêtait ici entre la mer, le sable et le soleil, le double silence de la flûte et de l'eau. J'ai pensé à ce moment qu'on pouvait tirer ou ne pas tirer' (p. 106).[96] From this point onwards, this sense of equilibrium with its attendant dangers of ethical detachment ('tirer ou ne pas tirer') persists until it is finally shattered by the revolver shots which destroy Meursault's happiness. The scenes are described with tremendous skill by Camus: we experience events as Meursault does,[97] but the all-important question of what actually happens remains difficult to answer, although an Arab is killed.

The irreducibility of Meursault's murder to straightforward rational notions of cause and effect has aroused great critical debate.[98] Fitch, focusing attention on the murder, argues: 'le texte nous a toujours semblé très clair à cet égard et . . . nous n'avons jamais éprouvé d'hésitation à accepter l'explication donnée par Meursault lui-même: C'était à cause du soleil'.[99] According to this interpretation, the fierce heat of the sun and its dazzling brightness produce physiological reactions in Meursault: from the moment when Meursault, 'la tête retentissante de soleil' (p. 106), is unable to face making the effort to enter Masson's beachhouse, he comes under increasing elemental domination by the sun. His body becomes tense and stretched in an effort to resist its force ('je serrais les dents', 'je fermais les poings', 'je me tendais tout entier', 'mes mâchoires se crispaient') (p. 106-7). This, in turn, makes him wish to return to 'la source fraîche derrière le rocher'. When he gets there, the pulsating sensations in his head begin to cause him pain, as the sun pours down upon him. It is the sun again, when the Arab pulls the knife, which transforms the weapon: it becomes 'une longue lame étincelante', 'le glaive éclatant', 'cette épée brûlante' (p. 108) and Meursault feels acute pain in the eyes. The accumulated energy of the sun produces a final moment of tension in his body and then discharges itself in a shot ('Tout mon être s'est tendu', 'j'ai crispé ma main', 'la gâchette a cédé') (p. 108).

However, the physiological explanation, as Fitch himself accepts, then encounters the difficulty of the pause and the four further shots. Although these seem like a final discharge of the accumulated energy of the sun, it is hard to argue rationally that they somehow escape Meursault's agency. It is true that he realizes after the first shot that he has destroyed his happiness and the balance of the day. He has also been involved earlier in two disturbing encounters with the Arab, one involving a knife wound, the other a possible shooting. Together, such events could induce a state of inner panic and collapse, leading to the other shots but they could not then be ascribed to physiology. Fitch accounts for the additional shots by aesthetic criteria: Camus wished to end the first part on a poetic reference to the 'quatre coups brefs' which would then baffle the 'juge d'instruction', thus bringing out ironically his absolute need to understand Meursault's motivation.[100]

The four additional shots also pose problems for those who follow a metaphysical explanation of the murder, where Meursault is seen as a victim of fate (the sun) and circumstance (physiology and chance factors, 'le hasard'). Yet to grant to an agency such as fate, even if it is symbolically construed, the larger part of Meursault's act, both devalues it philosophically and simplifies it drastically. One shot, in any case, might be an accident, but a further four certainly cannot be. Conversely, the psychological explanation (Meursault, disturbed by the previous encounters with the Arabs, and feeling under threat, fires in self-defence and fires again when he realizes he has lost his happiness) would appear too clear cut. It certainly is not emphasized explicitly in the text and is not advanced as an explanation at the trial, a point to be discussed later. If we combine the psychological, the physiological, and the metaphysical, it is then impossible to say what part human agency plays in Meursault's behaviour, or what is the exact status of his act (volitional, non-volitional, impulsive, fatal, pre-meditated). Camus has combined symbolic (fate) and concrete (psychological/ physiological) description in a way which resists clear-cut explanation. The reader remains perplexed. The prosecution attributes intention and premeditation to Meursault's act, sarcastically dismissing the role of chance and using psychology to expose his nihilism. Meursault himself can see the logic of the prosecution's case, but it is far from being an entirely satisfactory explanation for the reader.

For some critics, the murder is quite simply unrealistic, because it cannot be explained satisfactorily: murder in the real world is capable of rational analysis:[101] It is doubtful whether Camus would have accepted either argument: in the *Réflexions sur la guillotine*, he expresses the view that for capital punishment to have a deterrent effect, the act of murder would have to be constituted psychologically in a way that for him it clearly is not. The complexity of human nature is such that one can never *really* know the causes of a murder, nor can one know if one is a potential murderer oneself.[102] Such a view is entirely consistent with Camus's general concept of the Absurd, where no final, rational explanation is possible of anything at all, including the behaviour of human beings. Consciousness simply projects possible interpretations and meanings onto the world of experience, but we are never able to get to the root of things to break the limits of reason and conquer 'épaisseur'.[103]

If we accept the irreducibility of the act of murder to clear-cut rational categories, we also see that from the ambiguity of the act and its complexity of sources, Camus can draw several artistic advantages. Meursault can kill the Arab, whilst in a sense remaining innocent and thus maintaining the sympathy of the reader because Meursault is also a victim. The philosophical problem of whether a man with a belief in the equivalence of all things is likely to murder can be posed, without its being resolved by a clear answer. Céleste's view that the whole things is 'un malheur', an accident (and, by implication, not fundamental to Meursault's attitude) can coexist with the prosecutor's conviction that Meursault is a social threat because of his lack of sensibility. Meursault can be simultaneously victim and agent, innocent and guilty, and his act would express the irreducible paradoxes involved in any human action (a point possibly made by Meursault himself in relation to Salamano and his dog).[104]

It is doubtful whether such arguments will satisfy those critics who see the murder as a contrivance to bring Meursault to court. The notions of 'un homicide involontaire' or 'un meurtrier innocent'[105] will remain devices, devoid of reality, whereby Camus creates a murderer who is not perceived as such by the readers. The marginalization of the Arab victim, whilst consistent with colonial reality,[106] is an extension of the same strategy to present Meursault in a favourable light. However, these critics, even if they are right, must accept that the murder scene is convincing, *as we read it*. Aesthetic enjoyment and fascination dominate as we read this extraordinary description. Furthermore, quite a number of other critics who believe that the whole text is a 'plaidoyer' argue that the description of the murder is a piece of sophistry by Meursault – he projects himself as innocent victim, whilst knowing that he is guilty – the contrivances, if they are such, are his creation and part of his strategy of narrative mystification to exculpate himself.[107]

As the private world of Meursault, with all its local colour (Emmanuel, Raymond, Masson, Céleste, la petite automate, Salamano, and so forth) gives way to the world of court theatricality and public judgement, the reader finds himself in the position of a higher court of appeal. However, in the reader's court, the interpretative possibilities of the murder and its ambiguities produce a more complicated trial.

The trial scenes of *L'Etranger* have also generated much controversy. Again, fundamental charges of lack of verisimilitude have been levelled against the text[108]: Meursault, if he really does love life, would have defended himself better; his lawyer, with only minimal competence, would have pleaded self-defence; the condemnation is itself unconvincing, for no French citizen would have been condemned to death for killing an Arab who had first injured another Frenchman and who had drawn a knife. Camus has contrived the trial and the verdict to bring Meursault to the guillotine, for that is where he wants him to be. Camus has also been criticized for the views, stated in the *Avant-propos*, that Meursault is condemned for not weeping at his mother's funeral or for refusing to play the game, since it is clear that without a murder, there would be no trial and thus no condemnation;[109] the description of the law in general has been seen as prejudiced, with its caricatures, (especially the 'juge d'instruction') and its overstated theatricality. Because of this, the novel's criticism of justice could be invalidated.[110]

As might be expected with a novel that has aroused as much interest as *L'Etranger*, almost all of the above views are contested in other interpretations. Thus, Meursault's almost non-existent efforts at self-defence can be partly explained by his own lack of knowledge about what really happened and by his bewilderment in court, where he feels that he has no 'part' in the play and is an outsider. His defence lawyer lacks skill, and, because of this, gets caught up in the public prosecutor's preoccupation with Meursault's attitude to life and to the mother; in consequence, he loses sight of the facts of the case. The prosecutor himself, a much more incisive man than Meursault's lawyer, angles his case away from the murder to some extent, because he sees in

Meursault's attitudes a threat to the social order which he represents: he secures, against a social enemy, a conviction which uses the murder more as a pretext, and for this reason, the Arab victim is overlooked.[111] As for the point that the legal satire produces such a parody of the law that it threatens to undermine its own effectiveness, it could be argued that these elements actually enhance our enjoyment of the text, especially where the 'juge d'instruction' is concerned, and render us more sensitive to the fallibility and possibility of error which lie behind the serious façade of the ritual. To those who argue that if Meursault's act of murder arises from a complex mixture of causes (fate, hazard, physiology etc.), then the legal judgement can also be claimed to do so and is itself 'irreducible', it might be fairly replied that this is precisely the point made by the novel itself.[112] Judgements are subject to the complexities of human nature and that is why they should not be absolute and involve the death sentence: this is what lies behind Meursault's reference to 'la disproportion ridicule' and his reflexions on the guillotine which so closely parallel Camus's own views.[113] The social system represented by the court, however, with its myths and ready-made systems of explanation, its masks and fixed roles, has lost its sense of the fallibility of its own values. The literary act of interpreting the work (the reader's responsibility) and the social act of judging the criminal are thus linked in *L'Etranger* in a highly interesting fashion. And the sense of irreducibility emanating from the Absurd is fundamental to both acts.

It is probably at the point of absolute judgement, the death sentence, that the 'reader's court' is brought into play. Throughout the novel the question of judgement is present, but the work is so orchestrated as to make us suspend such judgement. The narrative is kept 'open': the use of the *passé composé* rather than the *passé simple* maintains the sense of the unfinished and unresolved. The court verdict and sentence break this ambiguity with a definitive judgement. Much of Camus's case against the law rests on this rejection of absolute judgements and the reader might be inclined to agree, especially in respect of the death-sentence.

In addition to these points about the verisimilitude of the trial and the presentation of the law, mention must also be made of Camus's own fundamental lack of concern with the notion of realism in the novel,[114] (which does not mean, however, that he did not want his views to be taken seriously!). Realism, for him, was an outmoded literary convention: the question of what reality was *really* like interested him more. It is the aesthetic question of using techniques successfully to convince the reader that matters most to Camus, not conformity to preconceived notions and conventions about the real. In this, as in other respects, *L'Etranger* anticipates Robbe-Grillet and the nouveaux-romanciers of the 1950s and 1960s.[115] Looked at in this way, *L'Etranger* does not disappoint us for any lack of verisimilitude: by the time we reach the trial, we are completely absorbed in the fundamental problems of judgement and we know by then how difficult it is to interpret actions in any clear way, not to mention literary texts!

Whatever our views on this, Camus brings his character to face the death sentence and the guillotine and to project him as a hero and a Christ figure[116] 'avec l'affection un peu ironique qu'un artiste a le droit d'éprouver à l'égard des personnages de sa création' (p. vii). The 'kingdom' represented by Meursault as a Christ figure is made abundantly clear to the unfortunate 'aumônier': it is rooted in the immediacy of this world, in the certainties of the sun and desire, and in a freedom generated by a belief in the equivalence of all things before a lucidly accepted death. It rejects the epicene uncertainties of what is for Meursault a religious mythology which robs man of a truth that holds him as much as he holds it. Freed from any residual sense of social constraint, Meursault opens himself up 'pour la première fois' to 'la tendre indifférence du monde'.

Camus is clearly visible behind the Meursault of the closing pages which are written with such force. However, this alternative Christ-figure and hero *has* killed another man. Despite the absence of the victim's relations at the trial, despite the minimal role of the victim himself as a subject of debate (has Meursault edited him out?), this absence still asserts itself as a presence: the fact of the dead man and its ethical implications remain. Could a philosophy like the one espoused by Meursault with its proclivities for detachment from moral concerns and social values produce and legitimize a murder? Meursault shows no regret, partly because he does not feel that he has killed or is a criminal, but also because regret has no place in his attitude. His sovereign detachment ('Que m'importaient la mort des autres, l'amour d'une mère') is dangerous and his passionate individualism does not square readily with collective responsibilities. The novel ends on a very high note of individualist self-affirmation, but the sense that such an attitude is bound to lead to conflict, and probably to tragic conflict, remains. The heart of *L'Etranger* appears to be the latent and eventually overt struggle between Meursault's individualism and society. The dramatic and fatal resolution of this struggle is perhaps an indication that Camus was increasingly aware, when he wrote this novel, that the philosophy of his early works was in some senses inadequate: Sisyphus was not quite as happy as Camus imagined, nor quite as free.

In 1940, Camus left Algeria for Paris. The man who believed that life is all the better lived the more meaningless it is, by a curious irony found himself living in the historical chaos of war, as though his philosophy of the Absurd had decided to incarnate itself in events in a very precise way. The beaches of North Africa were filled with soldiers and weapons and many more real bodies than the fictitious one left by Meursault. Practical freedoms were soon restricted and civilized values were overturned: nobody had a guaranteed future as the social order collapsed. Camus joined the Resistance movement at the same time as he established himself as a famous writer. Later, in the post-war period, he became 'Camus le juste', a highly respected figure and a kind of moral leader of his generation, a role which he himself clearly found oppressive. However, the young writer who, charged with ambition, went to the capital, was certainly not following in the footsteps of his Christ. And for all their brilliance and interest, Camus's later works such as *La Peste* and *La Chute* never quite regain the touch of authenticity and happiness evident in the earlier writing, especially in *L'Etranger*. This novel is, perhaps, closest to Camus's deepest preoccupations about love of life, happiness, and social commitment, posing fundamental problems in fundamental ways. For this reason it is likely to remain a classic and enjoy a longer life than many other works of the same period.

NOTES TO THE INTRODUCTION

1 A chronological outline of Camus's life is included as an appendix on pp. 49–55. The most detailed biography of Camus as yet available is Herbert R. Lottman (1978) *Albert Camus*, Paris: Editions du Seuil. References to Camus's works, except as indicated, are to the two volume 'Pléiade' edition, which are described throughout as either *Théâtre*, for *Théâtre, Récits, Nouvelles*, or *Essais*. Full details of these and other editions used are in the bibliography.

2 A chronology of the Algerian War is included in *Essais*, pp. 1847–9.

3 See in particular the *Préface à L'Envers et l'endroit* (1954), *Essais*, pp. 5–13. Camus wrote the *Préface* for the new edition of the work (1958).

4 Ibid., p. 6.

5 Ibid., p. 6.

6 For further details of Camus's *juvenilia*, see in particular Quilliot, *Essais*, pp. 1169–80, Lottman, op. cit., pp. 68–9, and *Cahiers Albert Camus*, 2 (1973) Paris: Gallimard, which reproduces these early works with an introduction by Paul Viallaneix.

7 Lottman, op. cit., p. 43.

8 Cf. *Rencontres avec André Gide, Essais*, pp. 1117–21.

9 Camus's philosophy teacher at the lycée d'Alger. He wrote a book, *Les Ipes*, which Camus always claimed made a great impact on him.

10 The *Rencontres avec André Gide* also refers to Richaud's *La Douleur* as the first stage in Camus's literary initiation.

11 Camus also placed his play *Caligula* in the Absurd period. However, although the play was written by 1939, Camus revised the ending in the course of 1943 to include some elements of his concept of revolt.

12 *L'Envers et l'endroit, Essais*, p. 22.

13 Ibid., p. 49.

14 Ibid., p. 44.

15 Ibid., p. 16.

16 Camus felt that the arguments advanced in Pascal's wager had to be refuted by anybody who did not believe in God.

17 So much so that his pessimistic leanings threaten to engulf the positive elements. This is particularly so in 'La Mort dans l'âme', where thoughts of suicide and feelings of claustrophobia overwhelm him in Prague. However, the pessimism is allowed to develop so that it can be displaced by 'Amour de vivre', the final *essai*. Camus comments on this in *Lettre à Jean de Maisonseul*, 8 juillet 1939, *Essais*, pp. 1218–19.

18 'Tout mon royaume est de ce monde', *L'Envers et l'endroit, Essais*, p. 49.

19 *Préface à L'Envers et l'endroit, Essais*, p. 6. In the *Préface*, Camus explains how his love of life and 'une indifférence naturelle' were connected and how this affected his moral development. I discuss this later, cf. pp. 11–12.

20 *Noces, Essais*, p. 60.

21 Ibid., p. 63.

22 Ibid., p. 63.

23 Camus wrote a university thesis on *Métaphysique chrétienne et Néoplatonisme* (in 1935–6 for his 'diplôme d'études supérieures') which concerned the attitudes to reason and mystery of Plotinus and Saint-Augustine (cf. Quilliot, *Essais*, pp. 1220–3 for an analysis of the thesis). In a certain sense all Camus's early work constitutes an attempt to come to terms with feelings of dispersion and absurdity and feelings of unity such as those described here.

24 *Noces, Essais*, p. 75.

25 Ibid., p. 72, 74. Camus is not writing a sociological description but rather projecting his own ideas onto the young Algerians. André Dupuy, in *l'Algérie dans les lettres d'expression française*, Paris, 1956, comments on Camus's presentation of Algerian life and compares it to those of other writers.

26 *Le Mythe de Sisyphe, Essais*, p. 128.

27 Ibid., p. 124.
28 Ibid., p. 198.
29 Ibid., p. 141.
30 Ibid., pp. 139–140.
31 'Disponibilité', a term frequently associated with Gide who uses it to define an attitude of availability and receptivity to immediate experience, rather than preoccupation with an uncertain future.
32 *Le Mythe de Sisyphe, Essais*, p. 142.
33 Both Oedipus and Sisyphus in *Le Mythe de Sisyphe* reach this conclusion and it symbolizes for Camus the essence of Greek wisdom before fate; cf. ibid., pp. 197–8. Tarrou in *La Peste* comes to the same conclusion and thus morally masters the plague (cf. *La Peste, Théâtre*, p. 1445).
34 Camus explains how his natural indifference and social commitments managed to coexist in his *Préface à L'Envers et l'endroit*,

Pour corriger une indifférence naturelle, je fus placé à mi-distance de la misère et du soleil. La misère m'empêcha de croire que tout est bien sous le soleil et dans l'histoire; le soleil m'apprit que l'histoire n'est pas tout. (*Essais*, p. 6)

35 Cf. note 32.
36 See biographical details in the Appendix.
37 In particular, Camus wrote a series of articles in 1939 called *Misère de la Kabylie* (cf. *Actuelles III, Essais*, pp. 905 ff.) in which he argues that it is impossible to enjoy the beauty of the world while others starve to death.
38 Camus helped to form two theatrical groupings in Algeria, the 'Théâtre du travail' (1936) and the 'Théâtre de l'équipe' (1937) born out of the ashes of the first which was dissolved when Camus left the Communist Party. Both groupings, but especially the first, had a political dimension 'le sens de la beauté étant inséparable d'un certain sens de l'humanité'. Cf. Quilliot, *Théâtre*, pp. 1688–95, for a discussion of these groupings.
39 The main lines of Camus's intellectual development during the revolt phase are given in the biographical appendix.
40 The review of *La Nausée* appeared in *Alger Républicain*, 20 octobre 1938 and is reprinted in *Essais*, pp. 1417–19. *Le Mur* was also reviewed in *Alger Républicain*, 12 mars 1939, and is in *Essais*, pp. 1419–22.

41 Reprinted in *Théâtre*, pp. 1887-94.
42 Reprinted in *Essais*, pp. 1099-1109.
43 *Essais*, p. 1417.
44 Cf. *Carnets*, I, p. 23.
45 *Le Mythe de Sisyphe, Essais*, p. 177.
46 *L'Intelligence et l'échafaud, Théâtre*, pp. 1887-8.
47 Ibid., p. 1889.
48 Ibid., p. 1888.
49 *Carnets*, I, p. 127 (1938).
50 *L'Intelligence et l'échafaud, Théâtre*, p. 1890.
51 Ibid., pp. 1891-2.
52 The most famous French writer of maxims.
53 *Introduction à Chamfort, Essais*, pp. 1099-1100.
54 Ibid., p. 1100.
55 Camus wrote an interesting essay on Melville on the subject, cf. *Herman Melville, Théâtre*, pp. 1899-1903.
56 Cf. *Le Mythe de Sisyphe*, 'L'Espoir et l'Absurde dans l'œuvre de Franz Kafka', *Essais*, pp. 200-11.
57 Fitch gives details of the 'succès . . . foudroyant' of *L'Etranger* at the time of its publication and of its international stature in world literature (*'L'Etranger' d'Albert Camus*, pp. 11-15). The yearly edition of *La Revue des Lettres Modernes, Albert Camus*, now in its thirteenth year, in the 'Recensement et recension des articles', invariably provides eloquent testimony to the enduring appeal of Camus's first novel. (See Select Bibliography.)
58 Fitch, ibid., pp. 118-19.
59 Cf. Notes to the text, p. 71, 'mais je crois . . .'.
60 Cf. Notes to the text, p. 93.
61 My italics. The sense that Meursault has of the beginning of something could imply knowledge of the *conclusion* of these gunshots in terms of the condemnation to death.
62 Cf. Rey, *Camus: 'L'Etranger': analyse critique*, p. 28 and p. 40.
63 Cf. Notes to the text, p. 146, 'je n'ai rien . . .'.
64 Cf. Fitch, *Narrateur et narration dans 'L'Etranger' d'Albert Camus*, pp. 13-26 and *'L'Etranger' d'Albert Camus*, pp. 115-19.
65 This is the position taken, for example, by John Fletcher in his article in *The Critical Quarterly*, (see Select bibliography).
66 Jean-Claude Pariente ('L'Etranger et son double', *Albert Camus* I, pp. 53-80) suggests: 'Meursault a écrit le livre en six

ou sept épisodes: cinq ou six pour écrire les quatre premiers chapitres, plus un épisode pour toute la suite'.

67   The most striking analysis is Oscar Tacca's (1980) '*L'Etranger* comme récit d'auteur-transcripteur' in *Albert Camus 1980*, Florida University Press, pp. 87–98.

68   Critics often either overlook this or infer the rejection of the 'pourvoi' from Meursault's attitude.

69   Cf. *Carnets*, II, p. 30, 'le sens du livre tient exactement dans le parallélisme des deux parties'.

70   Cf. *supra*, Introduction 'Camus and the Novel', pp. 13–18.

71   For example, the fact that Meursault first wants to see his mother on his arrival at Marengo (p. 66) or that he refuses to eat an evening meal before he drinks white coffee (p. 66).

72   Cf. Gassin, *L'Univers symbolique d'Albert Camus: essai d'interprétation psychanalytique*, pp. 205–18.

73   For an excellent summary of this debate and its various critical implications, see P. Thody, 'Meursault et la critique', *La Revue des Lettres Modernes, Configuration Critique d'Albert Camus* I, autumn 1961, pp. 11–23.

74   Cf. *Carnets*, II, pp. 29–34.

75   Interview, *Nouvelles Littéraires*, 15 novembre, 1945.

76   'Cela n'avait aucune importance', 'cela ne signifait rien', 'ça m'était égal', etc.

77   Meursault realizes here for the first time how much he is disliked by all the people in the court and how it is that he is guilty. Both realizations are, of course, linked to his response to his mother's death *as seen by others*.

78   Cf. *Carnets*, II, p. 45: 'Critique sur *L'Etranger*: L'impassibilité, disent-ils. Le mot est mauvais. Bienveillance serait meilleur'.

79   The blood colour of the earth also prefigures the murder and the guillotine. Camus admired Stendhal and one is certainly reminded of Julien Sorel in the church at Verrières.

80   Cf. also Notes to the text, p. 113.

81   An interesting survey of different customs in respect of death is provided by Simone de Beauvoir at the beginning of *La Vieillesse*, (1970) Paris: Gallimard.

82   Cf. also Notes to the text, pp. 74 'une trêve mélancolique', and 156, 'le soir était comme une trêve mélancolique'.

83   Cf. R Champigny (1959), *Sur un héros païen*, Paris: Gallimard.

84   Cf. Notes to the text, p. 88, 155.

85 References to Meursault's indifference should always be
    guarded for he is not indifferent in a generalizable sense. He is
    certainly not indifferent to Marie or to the sea and the sun, or
    to Masson's meal. To recognize that life has no ultimate sense
    is to discover its value: indifference is here linked to attach-
    ment, as it is in *Le Mythe de Sisyphe*.

86 My italics. See Notes to the text, p. 95, 'En y réfléchissant
    . . .' The only thing of real importance in Meursault's life is
    awareness of death and its consequences.

87 Camus comments on his use of this technique which is used by
    Hemingway in an 'Interview', *Nouvelles Littéraires*, 15
    novembre 1945: 'la technique romanesque américaine me
    paraît aboutir à une impasse. Je l'ai utilisée dans *L'Etranger*,
    c'est vrai. Mais c'est qu'elle convenait à mon propos de
    décrire un homme sans conscience apparente'. The 'impasse'
    referred to is the creation of a world of automatons without
    human depth. Camus further explores American neo-realism
    in *L'Homme révolté, Essais*, pp. 668–9. 'Ce roman, purgé
    de vie intérieure, ou les hommes semblent observés comme
    derrière une vitre, finit logiquement en se donnant, comme
    sujet unique, l'homme supposé moyen, par mettre en scène le
    pathologique.' The criticism would be felt by some to apply to
    L'Etranger, but Camus's style of narration is less open to such
    a view. Cf. Fitch, '*L'Etranger*' *d'Albert Camus*, pp. 120–5.

88 Sartre analyses many aspects of the relationship between syn-
    tax and philosophy in *Explication de 'L'Etranger'*,
    pp. 108–12. The fullest analysis of these stylistic features is in
    M.G. Barrier (1966), *L'Art du récit dans 'L'Etranger'*, Paris:
    Nizet. Barrier points out, among many other important
    things, that the simplicity of *L'Etranger* is an *effect* of style,
    not an absence of it; *L'Etranger* is literature, masquerading as
    the non-literary; Camus uses structure to capture the
    unstructured nature of experience.

89 Cf. p. 83, when Meursault returns home after work. His pro-
    found enjoyment of the beach episodes with Marie needs no
    comment.

90 See also Meursault's earlier comment to Céleste about
    Salamano 'au fond, personne ne peut savoir'. See also Notes
    to the text, p. 84.

91 See also Notes to the text, p. 78.

92 See also Notes to the text, p. 147.

93 See also Notes to the text, p. 87.

94 See also Notes to the text, p. 91. It is interesting to note that Raymond's revenge is made to parallel Salamano's sadistic attitude to his dog when it wants to urinate.

95 Cf. pp. 92 and 100.

96 The mystical elements involved in this description (sense of eternity, 'le double silence', 'tirer ou ne pas tirer') are not uncommon in Camus's early work, when he experiences the moments of accord characteristic of *Noces*. They can be linked to Plotinus (see pp. 6–7) but Camus was also interested in the respiratory customs of the Yogis of Tibet to resolve paradox (cf. *Carnets* I, p. 59). Leonard W. Sugden, 'Meursault, an oriental sage', pp. 197–207, explores Camus's attitude to Lao-Tseu and Rama Krishna and argues that it is precisely the mystical dimensions of Meursault's view of life that the middle-class logic of the court fails to penetrate.

97 We do not feel that Meursault 'escapes' us here as in other sections. Cf. Fitch, *L'Etranger d'Albert Camus*, p. 106.

98 Cf. Ibid., pp. 105–9.

99 Ibid., pp. 105–6.

100 Ibid.

101 This is, of course, the assumption behind the practices of the court and the 'juge d'instruction'. It is a practical assumption but not necessarily true. Cf. R. Jones, *Camus: L'Etranger and La Chute*, pp. 31–2.

102 Cf. *Réflexions sur la guillotine, Essais*, pp. 1032–4. The question of intention and what we mean by it has a general philosophical importance. Camus presents us with a description of a murder from within and not an explanation from without. A.D. Nuttall has argued that the lived, subjective experience of any murderer may be like Meursault's but we can never know. Because of this, it is our external assessment of events that matters. Cf. A.D. Nuttall, 'Did Meursault mean to kill the Arab?', *The Critical Quarterly*, pp. 95–106.

103 'Épaisseur' is the noun Camus uses in *Le Mythe de Sisyphe* to describe the world's impenetrability to reason; it is best translated as 'opacity'.

104 Meursault says: 'personne ne peut savoir', when Céleste judges the relationship as 'malheureux' (p. 84). As previously argued, Meursault will not make absolute judgements about others. He faithfully reflects Camus's idea that we can never fully *know* the world, ourselves or others: reason encounters the opacity of things.

105 See in particular R. Girard (1968) 'Pour un nouveau procès de *L'Etranger', Albert Camus*, I, pp. 13–52. The article is a good introduction to this debate, although its conclusion that *L'Etranger* contains a central flaw, arising from the idea of an innocent murder, is perhaps too literally-minded.

106 The lot of the indigenous population in a colonial set-up is usually to be seen as objects by the colonizers; that is to say, they do not count as human beings. If this is the case, their suffering can be overlooked.

107 Cf. pp. 21–2.

108 Cf. Fitch, *Autour de L'Etranger*, pp. 113–15.

109 Cf. Girard, op. cit., pp. 21–2.

110 Ibid., p. 27 and Fitch, op. cit., p. 113.

111 Cf. A. Maquet (1956) *Albert Camus ou l'invincible été*, Paris: Nouvelles Editions Debresse, where the idea of the pre-text is developed in some detail.

112 This is one of the questions raised by Girard, op. cit., pp. 22–3.

113 See pp. 46–7 and pp. 34–87 and Notes to the text, p. 146–8, pointing out the parallels between Meursault and Camus in respect of capital punishment.

114 'Le réalisme est un mot vide de sens. . . . Je ne m'en suis pas soucié [dans *L'Etranger*]. S'il fallait donner une forme à mon ambition, je parlerais au contraire du symbole.' *Carnets*, II, p. 32, cf. also Notes to the text, p. 124, 'd'un côté . . .'.

115 For further indications of parallels between *L'Etranger* and the *new novel*, cf. John K. Simon, 'The glance of the idiots: the novel of the absurd', *Yale French Studies*, pp. 111–19.

116 See also Notes to the text, pp. 117 and 157.

BIOGRAPHICAL APPENDIX

7 November 1913	Birth of Albert Camus in Mondovi, Algeria. Lucien Camus, his father, worked as a cellarman in a wine merchants. His mother, née Catherine Sintès, was of Spanish descent. (See Lottman, pp. 20–36.)
11 October 1914	Camus's father was killed at the first Battle of the Marne. His mother went to live in Belcourt, the working-class suburb of Algiers in the Rue de Lyon. The house was without water and electricity and the lavatory was shared with other families. The mother, nearly deaf and given to long periods of silence, worked as a charwoman to provide for Albert and his elder brother Lucien. The children were brought up largely by their maternal grandmother in the company of her sons Etienne and Joseph. (See Lottman, pp. 31–46.)
1918–23	Camus attended the école communale in Belcourt where his teacher, Louis Germain, was quick to see his qualities. Camus's Nobel prize speech of 1957 is dedicated to Germain who secured a scholarship for Camus so that he could go on to the Lycée d'Alger (Lottman, pp. 44–6). Camus was one of two students to pass the entrance examination.
1923	Camus wins a scholarship to the Lycée

	d'Alger (later renamed Lycée Albert Camus).
1928–30	Keeps goal for the soccer club Racing Universitaire d'Alger (RUA). (See Lottman, pp. 51–2 for a description of Camus's footballing experiences.)
1930	Sits and passes his baccalauréat, but his studies are interrupted by first attacks of turberculosis. These force him to leave the family home to live with his more prosperous uncle, Gustave Acault, a butcher (Lottman, pp. 54–6).
1932	Resumed his studies for the second part of the baccalauréat in Lettres Supérieures. Meets his philosophy teacher Jean Grenier who has a decisive impact on his development. First publications in *Sud* (Lottman, pp. 68–9).
1933	First year University student at the Université d'Alger. Becomes active member of the 'Mouvement Antifasciste Amsterdam-Pleyel'.
16 June 1934	Married Simone Hié. By all accounts, a very beautiful if unstable partner who gave Camus some very painful memories (Lottman, pp. 73–90). Joins Communist Party and works on Arab question (Lottman, pp. 106–8), supporting demands for better social conditions for the Arab population.
1935	Begins his *Cahiers* (*Carnets*). Completes 'licence de philosophie' and starts his research on Plotinus for his 'diplôme d'études supérieures'. During this period, to make a living, Camus does various part-time jobs including work in a 'préfecture' and in the *Institut de Météorologie*; co-operates in writing *Révolte dans les Asturies*, a play about the revolt of the Oviedo miners in Spain.
1936	Takes charge of Communist controlled 'Maison de la Culture'. Founds 'Théâtre

	du travail' to bring a 'Théâtre révolutionnaire' to Algiers (see Quilliot, *Théâtre*, pp. 1687–9, Lottman, pp. 108–19.)
May	Successfully presents his 'diplôme': *Métaphysique chrétienne et néoplatonisme*.
July	Travels to Austria and returns via Prague and Italy. His first marriage breaks down.
1937	Breaks with Communist Party which he begins to feel is partly responsible for Arab oppression. 'Le Théâtre du travail' becomes 'Le Théâtre de l'équipe' (Quilliot, *Théâtre*, pp. 1689–95.)

Becomes an actor for the touring Company Radio-Alger. Refuses a teaching-post in Sidi-Bel-Abbès.

Because of poor health, is refused permission to sit Agrégation, thus bringing his academic career to an end. Health reasons also compel him to undertake a period of convalescence in France, in Embrun.

Publication of *L'Envers et l'endroit* (written in 1935–6.)

1938	Foundation in October of *Alger-Républicain*, an independent left-wing paper edited by Pascal Pia. Camus joins the staff. Completes first version of *Caligula*, works on *Noces* and *La Mort heureuse*.
1939 May	Publication of *Noces*.
July	Completes eleven articles for *Alger-Républicain* called *Misère de la Kabylie*, describing the poverty of the area and the injustice of government policy. Claims it is impossible to enjoy the beauty of the world in the face of such misery. Rejected through ill-health for military service in War.
September	Made editor of *Soir-Républicain* (evening edition of *Alger-Républicain*.)
1940 January/ February	Both *Alger-Républicain* and *Soir-Républicain* are forced to cease publication because of government censorship (Lottman, pp. 205–19).

Camus has to leave Algeria for Paris where

Pia finds him a place on *Paris-Soir*. Camus contributed no articles (he disapproved of the paper) and worked as a typesetter (Lottman, pp. 236–9). The paper takes a collaborationist line.

May–October Completes draft of *L'Etranger*. German invasion forces him to leave Paris for Clermont Ferrand, Bordeaux, and Lyon.

December Second marriage, to Francine Faure from Oran.

1941 January Returns to Algeria, Oran and works in a private school.

February Completes *Le Mythe de Sisyphe* and final draft of *L'Etranger*.

19 December Nazis execute Gabriel Péri, one of the Communist Party leaders and Camus becomes active member of the Resistance.

1942 Returns to France and joins Resistance network *Combat*. Publication of *L'Etranger* (July) and *Le Mythe de Sisyphe* (October).

A further serious attack of tuberculosis interrupts his Resistance activities.

1943 First of the *Lettres à un ami allemand*, four letters to an imaginary German friend. Camus here links Nazism, the Absurd, and Nihilism and begins to formulate his ideas about values and the Absurd. Nazism is a monster of the Absurd but as the Absurd is born of love of life, it is a monster which the Absurd itself must conquer. Awareness of the Absurd that leads to Nihilism and Nazism is contradictory. *Combat* sends him to Paris where he is now very well known in literary circles. Becomes a publisher's reader and permanent member of the administrative staff at Gallimard. Writes *L'Intelligence et l'Echafaud*.

1944 June First performance of *Le Malentendu* (dramatization of Meursault's newspaper cutting, found in his cell, *L'histoire du tchécoslovaque*) Camus's most pessimistic play. Written between 1942–3, the play

	underlines the dual tensions of Camus's concept of the Absurd.
August	Becomes editor of *Combat* and his editorials are full of the hopes and aspirations of the Liberation period.
1945	First performance of *Caligula*, a play which explores the contradictions of absurd awareness which leads to Nihilism, tyranny, and murder.

Publication of *Lettres à un ami allemand* and of *La Remarque sur la révolté*. The latter essay is the starting point of *L'Homme révolté*. In it, Camus tries to formulate an intellectually authoritative value system compatible with basic awareness of absurdity. He thus tries to redress the moral nihilism of *Le Mythe de Sisyphe*.

Birth of his twin children, Catherine and Jean.

1946	Visits America (Lottman, pp. 390–406); finishes *La Peste* (started in 1941).
1947	Camus leaves *Combat*, when financial difficulties no longer allow an independent editorial policy. Publication of *La Peste*, with tremendous success. This novel of the Révolte period is for many a sort of bible of non-religious humanism. *La Peste* is an allegory of war, resistance, and our general condition based on suffering and death. Its protagonists suggest that the only authentic response to the absurdity of our condition is to build a kingdom of human values, emphasizing love and solidarity, in opposition to the injustice of our fate. Christian humanism is depicted as in alliance with the Gods and the forces of the plague, because Christianity legitimizes suffering in the name of redemption. *La Peste* is Camus's most anti-Christian work.
1948 October	First performance of *L'Etat de siège*, an ambitious play dramatizing the themes of solidarity and revolt in the context of the plague.

1949   Lecture tour in South America. Seriously ill again. First performance of *Les Justes*, an interesting dramatization of the problem of means and ends. Is it just, in an unjust world, to fight for justice using unjust means? The paradoxes and contradictions of political action involving terrorism and violence are the substance of this play, which draws its many complexities from the post-war period.

1950   *Actuelles I*. A collection of political articles, 1944–8.

1951   Publication of *L'Homme révolté*, Camus's second major philosophical work which explores the relationship between Absurdity and moral values. The political conclusions of the essay are greeted with enthusiasm by the conservative press. Camus argues that revolutionary movements are forced into moral nihilism by trying to do too much. Authentic revolt is characterized by the values of moderation and tenacity and will not legitimize violence in the name of justice.

1952   Public quarrel with Jean-Paul Sartre and Francis Jeanson (who reviewed *L'Homme révolté* for *Les Temps Modernes* and discovered in it many reactionary and philosophically superficial views). The quarrel is bitterly fought and Camus certainly encounters Sartre at his most devastatingly effective (Lottman, pp. 504–15.) Camus is wounded by the controversy and a period of relative sterility follows.

1953   Replaces Marcel Herrand as producer of the Festival d'Angers. Adapts many plays after this.

    Publication of *Actuelles II* (collection of political articles, 1948–53).

1954   Publication of *L'Eté*, a collection of essais written between 1939–54.

1955   Travels to Greece. Goes back to journalism to support election campaign of Mendès-France. Appeals to both sides in the Algerian

	war to respect the civilian population.
1956	*La Chute*, Camus's last novel, is published. The novel traces the fall from grace of a Parisian lawyer, Jean-Baptiste Clamence, whose pretensions to humanist values are found to be hollow. The novel stresses human duplicity, guilt, and imperfection and is set in the fog of Amsterdam, far from the luminosity and innocence of the earlier works. Does the work evoke Camus's own fall from grace at the time of his quarrel with Sartre and the collapse of his own reformist humanism? Adaptation of Faulkner's *Requiem pour une nonne.*
	Publication of *L'Exil et le royaume*, a delightful collection of short stories, drawing on the tensions and experiences of alienation and happiness.
1957 October	Publication of *Réflexions sur la guillotine*, in companion volume with Arthur Koestler's *Reflections on Hanging.* Award of Nobel Prize for Literature.
1958	Publication of *Actuelles III*, articles on Algeria dating from 1931–8.
	Discours de Suède (Nobel Speech prize) is published. Camus explores the question of *littérature engagée.* Buys house in Lourmarin (Vaucluse).
1959	Adaptation of Dostoevsky's *Les Possédés.* Camus works on a projected novel *Le Premier Homme* and hopes to start writing original plays again.
4 January 1960	Killed in a car crash near Montereau, journeying from Lourmarin to Paris with Michel Gallimard.

SELECT BIBLIOGRAPHY

WORKS BY CAMUS AND EDITIONS USED

Théâtre, Récits, Nouvelles, préface de Jean Grenier, textes établis et annotés par Roger Quilliot, Paris: Gallimard (Bibliothèque de la Pléiade), 1962.

Essais, introduction par Roger Quilliot, textes établis et annotés par Roger Quilliot et Louis Faucon, Paris: Gallimard (Bibliothèque de la Pléiade), 1965.

Carnets, 2 Vols, notes de Roger Quilliot, Paris: Gallimard, 1962 and 1964.

Cahiers Albert Camus I, La Mort Heureuse, introduction et notes de Jean Sarocchi, Paris: Gallimard, 1974.

Cahiers Albert Camus II, Paul Viallaneix, 'Le Premier Camus', suivi des *Ecrits de jeunesse d'Albert Camus*, Paris: Gallimard, 1973.

Cahiers Albert Camus III, 2 Vols, *Fragments d'un Combat*, introduction et notes de Jacqueline Lévi-Valensi et André Abbou, Paris: Gallimard, 1978.

Journaux de Voyage, notes de Roger Quilliot, Paris: Gallimard, 1978.

CRITICAL STUDIES OF L'ETRANGER

Ansell, I. *'L'Etranger' de Camus* (Lectoguides 2), Paris: Pédagogie Moderne, 1981.

Banks, G.V., *Camus: 'L'Etranger'*, London: Edward Arnold, 1976.

Barrier, M.-G., *L'Art du Récit dans 'L'Etranger' de Camus*, Paris: Nizet, 1962.

Brée, G., and Lynes, C., *Introduction to 'L'Etranger'*, London: Methuen, 1970.

Castex, P.-G., *Albert Camus et 'L'Etranger'*, Paris: Corti, 1965.

Champigny, R., *Sur un héros païen*, Paris: Gallimard, 1959.

Fitch, B.T., *Narrateur et narration dans 'L'Etranger' d'Albert Camus*, Paris: Minard (Archives des Lettres Modernes), 1960.

Fitch, B.T. (cd.), *Albert Camus I . Autour de 'L'Etranger'*, Paris: Minard, 1968.

Fitch B.T., *Narrateur et narration dans 'L'Etranger' d'Albert Camus. Analyse d'un fait littéraire*, 2ᶜ édition, Paris: Minard (Archives des Lettres Modernes), 1968.

Fitch B.T., *'L'Etranger' d'Albert Camus: un texte, ses lecteurs, leurs lectures: étude méthodologique*, Paris: Larousse (Collection 'L', 2), 1972.

Jones, R., *Camus: 'L'Etranger' and 'La Chute'*, London: Grant & Cutler Ltd (Critical Guides to French Texts), 1980.

Matthews, J.H., (ed.), *Configuration Critique d'Albert Camus*, 2 Vols, *'L'Etranger' à l'étranger: Camus devant la critique anglo-saxonne*, Paris: Minard ('Configuration Critique', No. 5), 1961 and 1963.

Pingaud, B., *'L'Etranger' de Camus*, Paris: Hachette (Collection Poche Critique', I), 1972.

Rey, P.-L., *Camus: 'L'Etranger': analyse critique*, Paris: Hatier (Collection 'Profil d'Une Oeuvre', 13), 1970.

Sartre, J.-P., *Explication de 'L'Etranger'* in *Situations*, I, Paris: Gallimard, 1947.

A SELECTION OF GENERAL STUDIES OF CAMUS

Brée, G., *Camus*, New Jersey: Rutgers University Press, 1959.

Brisville, J.-C., *Camus*, Paris: Gallimard (Bibliothèque Idéale.), 1959.

Coombs, I., *Camus, homme de théâtre*, Paris: Nizet, 1968.

Costes, A., *Albert Camus ou la parole manquante: étude psycho-analytique*, Paris: Payot, 1973.

Crochet, M., *Les Mythes dans l'œuvre de Camus*, Paris: Editions Universitaries, 1973.

58 L'ETRANGER

Cruickshank, J., *Albert Camus and the Literature of Revolt*, London: Oxford University Press, 1959.

Gadourek, C., *Les Innocents et les coupables*, La Haye: Mouton, 1963.

Gassin, J., *L'univers symbolique d'Albert Camus: essai d'interprétation psychanalytique*, Paris: Librairie Minard (la thèsothèque No. 6.), 1981.

Gélinas, G.P., *La Liberté dans la pensée d'Albert Camus*. Fribourg: Editions Universitaires, 1965.

Ginestier, P., *La Pensée de Camus*, Paris: Bordus, 1964.

Grenier, J., *Albert Camus, souvenirs*, Paris: Gallimard, 1968.

Hanna, T., *The Thought and Art of Albert Camus*. Chicago: H. Regnery & Co., 1958.

Lottman, H.R., *Albert Camus*, traduit de l'américain par M. Véron, Paris: Editions du Seuil, 1978.

Luppé R. de, *Albert Camus*, Paris: Editions Universitaires, 1952.

Mailhot, L., *Albert Camus ou l'imagination du désert*, Montréal: Presses de l'Université de Montréal, 1973.

Majault, J., *Camus, révolte et liberté*, Paris: Editions de Centurion, 1965.

Maquet, A., *Albert Camus ou l'invincible été*, Paris: Nouvelles Editions Debresses, 1956.

O'Brien, C.C., *Camus*, London: Fontana, 1970.

Quilliot, R., *La Mer et les prisons, essai sur Camus*, second edition, Paris: Gallimard, 1970.

Rizziato, A., *Camus's Imperial Vision*, Carbondale and Edwardsville: Southern Illinois University Press, 1981.

Sarocchi, J., *Camus*, Paris: Presses Universitaires de Paris, 1968.

Thody, P., *Albert Camus 1913-1960*, London: Hamish Hamilton, 1961.

Treil, C., *L'Indifférence dans l'œuvre d'Albert Camus*, Sherbrooke, Québec: Editions Cosmos, 1971.

Wilhoite, F.H., *Beyond Nihilism: Albert Camus's Contribution to Political Thought*, Baton Rouge: Louisana State University Press, 1968.

ARTICLES AND OTHER WORKS CITED IN THE INTRODUCTION

Beauvoir, S., de, *La Vieillesse*, Paris: Gallimard, 1970.

Dostoïevski, F., *L'Idiot*, 2 Vols, traduit du russe par Victor Derély, Préface de Melchior de Vogüé, Paris: Plon, 1884.

Dupuy, A., *L'Algérie dans les lettres d'expression française*, Paris: Editions Universitaires, 1956.

Fletcher, J., 'Interpreting *L'Etranger, The French Review*, Vol. XLIII, 1, Winter pp. 158-67, 1970.

Fletcher, J., 'Meursault's rhetoric', *The Critical Quarterly*, Vol. XIII, 2, Summer, pp. 125-36, 1971.

Girard, R., 'Pour un nouveau procès de *L'Etranger, Albert Camus* I, pp. 13-52, 1968.

Larguier, J., *La Procédure pénale*, Paris: PUF, Collection 'Que sais-je?', 1972.

Larguier, J., *Lexique de termes juridiques*, Paris: Dalloz, 1974.

Nuttall, A.D., 'Did Meursault mean to kill the Arab? The intentional fallacy fallacy [sic]', *The Critical Quarterly*, Vol. X, 1-2, Spring-Summer, pp. 95-106, 1968.

Pariente, J.C., '*L'Etranger* et son double', *Albert Camus* I, 1968.

Simon, J.K., 'The glance of the idiots: the novel of the absurd', *Yale French Studies*, 25, Spring, pp. 111-19, 1960.

Sugden, L.W., 'Meursault: an oriental sage', *The French Review*, Vol. XLVII, 6, Special Issue, Spring, pp. 197-207, 1974.

Tacca, O., '*L'Etranger* comme récit d'auteur-transcripteur', in *Albert Camus 1980*, Gainesville: University Presses of Florida, pp. 87-98, 1980.

Thody, P., 'Meursault et la Critique', in J.H. Matthews (ed.) *Configuration Critique d'Albert Camus*, I, Paris: Minard, pp. 11-23, 1961.

OTHER ARTICLES, BIBLIOGRAPHICAL SOURCES, AND SUGGESTIONS FOR FURTHER READING

An assessment and list of major articles on *L'Etranger* up until 1970-1 appears in Fitch, *Albert Camus I, Autour de 'L'Etranger'*, pp. 157-73. The annual *Albert Camus*, Paris: Minard (*La Revue des Lettres Modernes*) has, since its first volume, in 1968, contained an invaluable *Carnet Critique*, where important recent scholarship is discussed. This series under the editorship of Fitch, contains many important articles and reviews, and is indispensable to scholars (Vols. 1-12 are available at time of writing). Excellent collected articles are available in:

Brée, G. (ed.) *Camus: a collection of critical essays*, Eaglewood Cliffs: Prentice Hall, 1962.

Lévi-Valensi, J., *Les Critiques de notre temps et Camus*, Paris: Garnier, 1970.

La Nouvelle Revue Française. Hommage à Albert Camus, Numéro Spécial, VIII, 87, mars, 1960.

La Table Ronde. Numéro Spécial, 146, février, 1960.

Revue d'Histoire du Théâtre. Albert Camus, homme du théâtre, Numéro Spécial, XII, 4, octobre–décembre, 1960.

Yale French Studies. Albert Camus, Special issue, No. 25, Spring, 1960.

More detailed and extensive bibliographical research is best pursued by consulting the following:

Crépin, S., *Albert Camus: essai de bibliographie*, Bruxelles: Commission Belge de Bibliographie, 1960.

Fitch, B.T. and Hoy, P.C., *Calepins de bibliographie, Camus No. I*, deuxième livraison, essai de bibliographie des études en langue française consacrées à Albert Camus (1937–67), Paris: Minard, 1969.

Roeming, R.F., *Camus: A Bibliography*, Wisconsin: University Press, 1968.

Standard Bibliographical Works: French VII-XX, O. Klapp, *The Year's Work in Modern Languages Studies*.

L'Etranger is available in English translation by Stuart Gilbert *The Outsider*, London: Hamish Hamilton, 1942, Penguin Books, 1961.

L'ETRANGER

PREMIÈRE PARTIE

I

Aujourd'hui, maman est morte.* Ou peut-être hier, je ne sais pas.* J'ai reçu un télégramme de l'asile: «Mère décédée. Enterrement demain. Sentiments distingués.»* Cela ne veut rien dire. C'était peut-être hier.

L'asile de vieillards est à Marengo,* à quatre-vingts kilomètres* d'Alger. Je prendrai l'autobus à deux heures et j'arriverai dans l'après-midi. Ainsi, je pourrai veiller* et je rentrerai demain soir. J'ai demandé deux jours de congé à mon patron et il ne pouvait pas me les refuser avec une excuse pareille. Mais il n'avait pas l'air content. Je lui ai même dit: «Ce n'est pas de ma faute.»* Il n'a pas répondu. J'ai pensé alors que je n'aurais pas dû lui dire cela. En somme, je n'avais pas à m'excuser. C'était plutôt à lui de me présenter ses condoléances. Mais il le fera sans doute après-demain, quand il me verra en deuil. Pour le moment, c'est un peu comme si maman n'était pas morte. Après l'enterrement, au contraire, ce sera une affaire classée* et tout aura revêtu une allure plus officielle.*

J'ai pris l'autobus à deux heures. Il faisait très chaud. J'ai mangé au restaurant, chez Céleste, comme d'habitude. Ils avaient tous beaucoup de peine pour moi et Céleste m'a dit: «On n'a qu'une mère.» Quand je suis parti, ils m'ont accompagné à la porte. J'étais un peu étourdi parce qu'il a fallu que je monte chez Emmanuel pour lui emprunter une cravate noire et un brassard. Il a perdu son oncle, il y a quelques mois.

J'ai couru pour ne pas manquer le départ. Cette hâte, cette course, c'est à cause de tout cela sans doute, ajouté aux cahots, à l'odeur d'essence, à la réverbération de la route et du ciel, que je me suis assoupi.* J'ai dormi pendant presque tout le trajet. Et quand je me suis réveillé, j'étais tassé contre un militaire qui m'a souri et qui m'a demandé si je venais de loin. J'ai dit «oui» pour n'avoir plus à parler.

L'asile est à deux kilomètres du village. J'ai fait le chemin à pied. J'ai voulu voir maman tout de suite. Mais le concierge m'a dit qu'il fallait que je rencontre le directeur. Comme il était occupé, j'ai attendu un peu. Pendant tout ce temps, le concierge a parlé et ensuite, j'ai vu le directeur: il m'a reçu dans son bureau. C'est un petit vieux, avec la Légion d'honneur.* Il m'a regardé de ses yeux clairs. Puis il m'a serré la main qu'il a gardée si longtemps que je ne savais trop comment la retirer. Il a consulté un dossier et m'a dit: «Mme Meursault est entrée ici il y a trois ans. Vous étiez son seul soutien.» J'ai cru qu'il me reprochait quelque chose et j'ai commencé à lui expliquer. Mais il m'a interrompu: «Vous n'avez pas à vous justifier, mon cher enfant. J'ai lu le dossier de votre mère. Vous ne pouviez subvenir à ses besoins. Il lui fallait une garde. Vos salaires sont modestes. Et tout compte fait, elle était plus heureuse ici.» J'ai dit: «Oui, monsieur le Directeur.» Il a ajouté: «Vous savez, elle avait des amis, des gens de son âge. Elle pouvait partager avec eux des intérêts qui sont d'un autre temps. Vous êtes jeune et elle devait s'ennuyer avec vous.»

C'était vrai. Quand elle était à la maison, maman passait son temps à me suivre des yeux en silence. Dans les premiers jours où elle était à l'asile, elle pleurait souvent. Mais c'était à cause de l'habitude. Au bout de quelques mois, elle aurait pleuré si on l'avait retirée de l'asile. Toujours à cause de l'habitude. C'est un peu pour cela que dans la dernière année je n'y suis presque plus allé. Et aussi parce que cela me prenait mon dimanche – sans compter l'effort pour aller à l'autobus, prendre des tickets et faire deux heures de route.

Le directeur m'a encore parlé. Mais je ne l'écoutais

presque plus. Puis il m'a dit: «Je suppose que vous voulez voir votre mère.» Je me suis levé sans rien dire et il m'a précédé vers la porte. Dans l'escalier, il m'a expliqué: «Nous l'avons transportée dans notre petite morgue. Pour ne pas impressioner les autres. Chaque fois qu'un pensionnaire meurt, les autres sont nerveux pendant deux ou trois jours. Et ça rend le service difficile.» Nous avons traversé une cour où il y avait beaucoup de vieillards, bavardant par petits groupes. Ils se taisaient quand nous passions. Et derrière nous, les conversations reprenaient. On aurait dit un jacassement assourdi de perruches.* A la porte d'un petit bâtiment, le directeur m'a quitté: «Je vous laisse, monsieur Meursault. Je suis à votre disposition dans mon bureau. En principe, l'enterrement est fixé à dix heures du matin. Nous avons pensé que vous pourrez ainsi veiller la disparue. Un dernier mot: votre mère a, paraît-il, exprimé souvent à ses compagnons le désir d'être enterrée religieusement. J'ai pris sur moi de faire le nécessaire. Mais je voulais vous en informer.» Je l'ai remercié. Maman, sans être athée, n'avait jamais pensé de son vivant à la religion.*

Je suis entré. C'était une salle très claire, blanchie à la chaux et recouverte d'une verrière.* Elle était meublée de chaises et de chevalets* en forme de X. Deux d'entre eux, au centre, supportaient une bière recouverte de son couvercle. On voyait seulement des vis brillantes, à peine enfoncées, se détacher sur les planches passées au brou de noix.* Près de la bière, il y avait une infirmière arabe en sarrau blanc,* un foulard de couleur vive sur la tête.

A ce moment, le concierge est entré derrière mon dos. Il avait dû courir. Il a bégayé un peu: «On l'a couverte, mais je dois dévisser la bière pour que vous puissiez la voir.» Il s'approchait de la bière quand je l'ai arrêté. Il m'a dit: «Vous ne voulez pas?» J'ai répondu: «Non.» Il s'est interrompu et j'étais gêné parce que je sentais que je n'aurais pas dû dire cela. Au bout d'un moment, il m'a regardé et il m'a demandé: «Pourquoi?» mais sans reproche, comme s'il s'informait. J'ai dit: «Je ne sais pas.» Alors, tortillant sa moustache blanche, il a déclaré sans me regarder: «Je comprends.» Il avait de beaux yeux, bleu clair, et un teint un peu rouge. Il m'a donné une chaise et lui-même s'est assis un peu en arrière de moi. La garde s'est levée et s'est dirigée vers la sortie. A ce moment, le concierge m'a dit: «C'est un chancre* qu'elle a.» Comme je ne comprenais pas, j'ai regardé l'infirmière et j'ai vu qu'elle portait sous les yeux un bandeau qui faisait le tour de la tête. A la hauteur du nez, le bandeau était plat. On ne voyait que la blancheur du bandeau dans son visage.

Quand elle est partie, le concierge a parlé: «Je vais vous laisser seul.» Je ne sais pas quel geste j'ai fait, mais il est resté, debout derrière moi. Cette présence dans mon dos me gênait. La pièce était pleine d'une belle lumière de fin d'après-midi. Deux frelons bourdonnaient contre la verrière. Et je sentais le sommeil me gagner. J'ai dit au concierge, sans me retourner vers lui: «Il y a longtemps que vous êtes là?» Immédiatement, il a répondu: «Cinq ans» – comme s'il avait attendu depuis toujours ma demande.*

Ensuite, il a beaucoup bavardé. On l'aurait bien étonné en lui disant qu'il finirait concierge à l'asile de Marengo. Il avait soixante-quatre ans et il était parisien. A ce moment je l'ai interrompu: «Ah! vous n'êtes pas d'ici?» Puis je me suis souvenu qu'avant de me conduire chez le directeur, il m'avait parlé de maman. Il m'avait dit qu'il fallait l'enterrer très vite, parce que dans la plaine il faisait chaud, surtout dans ce pays. C'est alors qu'il m'avait appris qu'il avait vécu à Paris et qu'il avait du mal à l'oublier. A Paris, on reste avec le mort trois, quatre jours quelquefois. Ici on n'a pas le temps, on ne s'est pas fait à l'idée que déjà il faut courir derrière le corbillard. Sa femme lui avait dit alors: «Tais-toi, ce ne sont pas des choses à raconter à monsieur.» Le vieux avait rougi et s'était excusé. J'étais intervenu pour dire: «Mais non. Mais non.» Je trouvais ce qu'il racontait juste et intéressant.

Dans la petite morgue, il m'a appris qu'il était entré à l'asile comme indigent. Comme il se sentait valide, il s'était proposé pour cette place de concierge. Je lui ai fait remarquer qu'en somme il était un pensionnaire. Il m'a dit que non. J'avais déjà été frappé par la façon qu'il avait de dire: «ils», «les autres», et plus rarement «les vieux», en parlant des pensionnaires dont certains n'étaient pas plus âgés que lui. Mais naturellement, ce n'était pas la même chose. Lui était concierge, et, dans une certaine mesure, il avait des droits sur eux.

La garde est entrée à ce moment. Le soir était tombé brusquement. Très vite, la nuit s'était épaissie au-dessus de la verrière. Le concierge a tourné le commutateur et j'ai été aveuglé par l'éclaboussement soudain de la lumière.* Il m'a invité à me rendre au réfectoire pour dîner. Mais je n'avais pas faim. Il m'a offert alors d'apporter une tasse de café au lait. Comme j'aime beaucoup le café au lait, j'ai accepté et il est revenu un moment après avec un plateau. J'ai bu. J'ai eu alors envie de fumer. Mais j'ai hésité parce que je ne savais pas si je pouvais le faire devant maman. J'ai réfléchi, cela n'avait aucune importance.* J'ai offert une cigarette au concierge et nous avons fumé.

A un moment, il m'a dit: «Vous savez, les amis de Madame votre mère vont venir la veiller aussi. C'est la coutume. Il faut que j'aille chercher des chaises et du café noir.» Je lui ai demandé si on pouvait éteindre une des lampes. L'éclat de la lumière sur les murs blancs me fatiguait. Il m'a dit que ce n'était pas possible. L'installation était ainsi faite: c'était tout ou rien. Je n'ai plus beaucoup fait attention à lui. Il est sorti, est revenu, a disposé des chaises. Sur l'une d'elles, il a empilé des tasses autour d'une cafetière. Puis il s'est assis en face de moi, de l'autre côté de maman. La garde était aussi au fond, le dos tourné. Je ne voyais pas ce qu'elle faisait. Mais au mouvement de ses bras, je pouvais croire qu'elle tricotait. Il faisait doux, le café m'avait réchauffé et par la porte ouverte entrait une odeur de nuit et de fleurs. Je crois que j'ai somnolé un peu.

C'es un frôlement qui m'a réveillé. D'avoir fermé les yeux, la pièce m'a paru encore plus éclatante de blancheur.

Devant moi, il n'y avait pas une ombre et chaque objet, chaque angle, toutes les courbes se dessinaient avec une pureté blessante pour les yeux. C'est à ce moment que les amis de maman sont entrés. Ils étaient en tout une dizaine, et ils glissaient en silence dans cette lumière aveuglante. Ils se sont assis sans qu'aucune chaise grinçât. Je les voyais comme je n'ai jamais vu personne et pas un détail de leurs visages ou de leurs habits ne m'échappait. Pourtant je ne les entendais pas et j'avais peine à croire à leur réalité.* Presque toutes les femmes portaient un tablier et le cordon qui les serrait à la taille faisait encore ressortir leur ventre bombé. Je n'avais encore jamais remarqué à quel point les vieilles femmes pouvaient avoir du ventre. Les hommes étaient presque tous très maigres et tenaient des cannes. Ce qui me frappait dans leurs visages, c'est que je ne voyais pas leurs yeux, mais seulement une lueur sans éclat au milieu d'un nid de rides. Lorsqu'ils se sont assis, la plupart m'ont regardé et ont hoché la tête avec gêne, les lèvres toutes mangées par leur bouche sans dents, sans que je puisse savoir s'ils me saluaient ou s'il s'agissait d'un tic. Je crois plutôt qu'ils me saluaient. C'est à ce moment que je me suis aperçu qu'ils étaient tous assis en face de moi à dodeliner de la tête, autour du concierge. J'ai eu un moment l'impression ridicule qu'ils étaient là pour me juger.*

Peu après, une des femmes s'est mise à pleurer. Elle était au second rang, cachée par une de ses compagnes, et je la voyais mal. Elle pleurait à petits cris, régulièrement: il me semblait qu'elle ne s'arrêterait jamais. Les autres avaient l'air de ne pas l'entendre. Ils étaient affaissés, mornes et silencieux. Ils regardaient la bière ou leur canne, ou n'importe quoi, mais ils ne regardaient que cela. La femme pleurait toujours. J'étais très étonné parce que je ne la connaissais pas. J'aurais voulu ne plus l'entendre. Pourtant je n'osais pas le lui dire. Le concierge s'est penché vers elle, lui a parlé, mais elle a secoué la tête, a bredouillé quelque chose, et a continué de pleurer avec la même régularité. Le concierge est venu alors de mon côté. Il s'est assis près de moi. Après un assez long moment, il m'a renseigné sans me regarder: «Elle était très liée avec madame votre mère. Elle dit que c'était sa seule amie ici et que maintenant elle n'a plus personne.»

Nous sommes restés un long moment ainsi. Les soupirs et les sanglots de la femme se faisaient plus rares. Elle reniflait beaucoup. Elle s'est tue enfin. Je n'avais plus sommeil, mais j'étais fatigué et les reins me faisaient mal. A présent c'était le silence de tous ces gens qui m'était pénible. De temps en temps seulement, j'entendais un bruit singulier et je ne pouvais comprendre ce qu'il était. A la longue, j'ai fini par deviner que quelques-uns d'entre les vieillards suçaient l'intérieur de leurs joues et laissaient échapper ces clappements bizarres. Ils ne s'en apercevaient pas tant ils étaient absorbés dans leurs pensées. J'avais même l'impression que cette morte, couchée au milieu d'eux, ne signifiait rien à leurs yeux. Mais je crois maintenant que c'était une impression fausse.*

Nous avons tous pris du café, servi par le concierge. Ensuite, je ne sais plus. La nuit a passé. Je me souviens qu'à un moment j'ai ouvert les yeux et j'ai vu que les vieillards dormaient tassés sur eux-mêmes, à l'exception d'un seul qui, le menton sur le dos de ses mains agrippées à la canne, me regardait fixement comme s'il n'attendait que mon réveil. Puis j'ai encore dormi. Je me suis réveillé parce que j'avais de plus en plus mal aux reins. Le jour glissait sur la verrière. Peu après, l'un des vieillards s'est réveillé et il a beaucoup toussé. Il crachait dans un grand mouchoir à carreaux et chacun de ses crachats était comme un arrachement. Il a réveillé les autres et le concierge a dit qu'ils devraient partir. Ils se sont levés. Cette veille incommode leur avait fait des visages de cendre. En sortant, et à mon grand étonnement, ils m'ont tous serré la main – comme si cette nuit où nous n'avions pas échangé un mot avait accru notre intimité.

J'étais fatigué. Le concierge m'a conduit chez lui et j'ai pu faire un peu de toilette. J'ai encore pris du café au lait qui était très bon. Quand je suis sorti, le jour était complètement levé. Au-dessus des collines qui séparent Marengo de la mer, le ciel était plein de rougeurs. Et le vent qui passait au-dessus d'elles apportait ici une odeur de sel. C'était une belle journée qui se préparait. Il y avait longtemps que j'étais allé à la campagne* et je sentais quel plaisir j'aurais pris à me promener s'il n'y avait pas eu maman.

Mais j'ai attendu dans la cour, sous un platane. Je respirais l'odeur de la terre fraîche et je n'avais plus sommeil. J'ai pensé aux collègues du bureau. A cette heure, ils se levaient pour aller au travail: pour moi c'était toujours l'heure la plus difficile. J'ai encore réfléchi un peu à ces choses, mais j'ai été distrait par une cloche qui sonnait à l'intérieur des bâtiments. Il y a eu du remue-ménage derrière les fenêtres, puis tout s'est calmé. Le soleil était monté un peu plus dans le ciel: il commençait à chauffer mes pieds. Le concierge a traversé la cour et m'a dit que le directeur me demandait. Je suis allé dans son bureau. Il m'a fait signer un certain nombre de pièces. J'ai vu qu'il était habillé de noir avec un pantalon rayé. Il a pris le téléphone en main et il m'a interpellé: «Les employés des pompes funèbres* sont là depuis un moment. Je vais leur demander de venir fermer la bière. Voulez-vous auparavant voir votre mère une dernière fois?» J'ai dit non. Il a ordonné dans le téléphone en baissant la voix: «Figeac, dites aux hommes qu'ils peuvent aller.»

Ensuite il m'a dit qu'il assisterait à l'enterrement et je l'ai remercié. Il s'est assis derrière son bureau, il a croisé ses petites jambes. Il m'a averti que moi et lui serions seuls, avec l'infirmière de service. En principe, les pensionnaires ne devaient pas assister aux enterrements. Il les laissait seulement veiller: «C'est une question d'humanité», a-t-il remarqué. Mais en l'espèce,* il avait accordé l'autorisation de suivre le convoi à un vieil ami de maman: «Thomas Pérez.» Ici, le directeur a souri. Il m'a dit: «Vous comprenez, c'est un sentiment un peu puéril. Mais lui et votre mère ne se quittaient guère. A l'asile, on les plaisantait, on disait à Pérez: «C'est votre fiancée.» Lui riait. Ça leur faisait plaisir.

Et le fait est que la mort de Mme Meursault l'a beaucoup affecté. Je n'ai pas cru devoir lui refuser l'autorisation. Mais sur le conseil du médecin visiteur, je lui ai interdit la veillée d'hier.»

Nous sommes restés silencieux assez longtemps. Le directeur s'est levé et a regardé par la fenêtre de son bureau. A un moment, il a observé: «Voilà déjà le curé de Marengo. Il est en avance.» Il m'a prévenu qu'il faudrait au moins trois quarts d'heure de marche pour aller à l'église qui est au village même. Nous sommes descendus. Devant le bâtiment, il y avait le curé et deux enfants de chœur. L'un de ceux-ci tenait un encensoir et le prêtre se baissait vers lui pour régler la longueur de la chaîne d'argent. Quand nous sommes arrivés, le prêtre s'est relevé. Il m'a appelé «mon fils»* et m'a dit quelques mots. Il est entré; je l'ai suivi.

J'ai vu d'un coup que les vis de la bière étaient enfoncées et qu'il y avait quatre hommes noirs dans la pièce. J'ai entendu en même temps le directeur me dire que la voiture attendait sur la route et le prêtre commencer ses prières. A partir de ce moment, tout est allé très vite. Les hommes se sont avancés vers la bière avec un drap. Le prêtre, ses suivants, le directeur et moi-même sommes sortis. Devant la porte, il y avait une dame que je ne connaissais pas: «M. Meursault», a dit le directeur. Je n'ai pas entendu le nom de cette dame et j'ai compris seulement qu'elle était infirmière déléguée.* Elle a incliné, sans un sourire son visage osseux et long. Puis nous nous sommes rangés pour laisser passer le corps. Nous avons suivi les porteurs et nous sommes sortis de l'asile. Devant la porte, il y avait la voiture. Vernie, oblongue et brillante, elle faisait penser à un plumier.* A côté d'elle, il y avait l'ordonnateur,* petit homme aux habits ridicules, et un vieillard à l'allure empruntée.* J'ai compris que c'était M. Pérez. Il avait un feutre mou à la calotte ronde et aux ailes larges (il l'a ôté quand la bière a passé la porte), un costume dont le pantalon tire-bouchonnait sur les souliers* et un nœud d'étoffe noire trop petit pour sa chemise à grand col blanc. Ses lèvres tremblaient au-dessous d'un nez truffé de points noirs. Ses cheveux blancs assez fins laissaient passer de curieuses oreilles ballantes et mal ourlées* dont la couleur rouge sang dans ce visage blafard me frappa. L'ordonnateur nous donna nos places. Le curé marchait en avant, puis la voiture. Autour d'elle, les quatre hommes. Derrière, le directeur, moi-même et, fermant la marche, l'infirmière déléguée et M. Pérez.

Le ciel était déjà plein de soleil. Il commençait à peser sur la terre et la chaleur augmentait rapidement. Je ne sais pas pourquoi nous avons attendu assez longtemps avant de nous mettre en marche. J'avais chaud sous mes vêtements sombres. Le petit vieux, qui s'était recouvert, a de nouveau ôté son chapeau. Je m'étais un peu tourné de son côté, et je le regardais lorsque le directeur m'a parlé de lui. Il m'a dit que souvent ma mère et M. Pérez allaient se promener le soir jusqu'au village, accompagnés d'une infirmière. Je regardais la campagne autour de moi. A travers les lignes de cyprès qui menaient aux collines près du ciel, cette terre rousse et verte, ces maisons rares et bien dessinées, je comprenais maman. Le soir, dans ce pays, devait être comme une trêve mélancolique.* Aujourd'hui, le soleil débordant qui faisait tressaillir le paysage le rendait inhumain et déprimant.*

Nous nous sommes mis en marche. C'est à ce moment que je me suis aperçu que Pérez claudiquait légèrement. La voiture, peu à peu, prenait de la vitesse et le vieillard perdait du terrain. L'un des hommes qui entouraient la voiture s'était laissé dépasser aussi et marchait maintenant à mon niveau. J'étais surpris de la rapidité avec laquelle le soleil montait dans le ciel. Je me suis aperçu qu'il y avait déjà longtemps que la campagne bourdonnait du chant des insectes et de crépitements d'herbe. La sueur coulait sur mes joues. Comme je n'avais pas de chapeau, je m'éventais avec mon mouchoir. L'employé des pompes funèbres m'a dit alors quelque chose que je n'ai pas entendu. En même temps, il s'essuyait le crâne avec un mouchoir qu'il tenait dans sa main gauche, la main droite soulevant le bord de sa casquette. Je lui ai dit: «Comment?» Il a répété en montrant le ciel: «Ça tape.»* J'ai dit: «Oui.» Un peu après, il m'a demandé: «C'est votre mère qui est la?» J'ai encore dit: «Oui.» «Elle était vieille?» J'ai répondu: «Comme ça», parce que je ne savais pas le chiffre exact. Ensuite, il s'est tu. Je me suis retourné et j'ai vu le vieux Pérez à une cinquantaine de mètres derrière nous. Il se hâtait en balançant son feutre à bout de bras. J'ai regardé aussi le directeur. Il marchait avec beaucoup de dignité, sans un geste inutile. Quelques gouttes de sueur perlaient sur son front, mais il ne les essuyait pas.

Il me semblait que le convoi marchait un peu plus vite. Autour de moi c'était toujours la même campagne lumineuse gorgée de soleil. L'éclat du ciel était insoutenable.* A un moment donné, nous sommes passés sur une partie de la route qui avait été récemment refaite. Le soleil avait fait éclater le goudron. Les pieds y enfonçaient et laissaient ouverte sa pulpe brillante. Au-dessus de la voiture, le chapeau du cocher, en cuir bouilli,* semblait avoir été pétri dans cette boue noire. J'étais un peu perdu entre le ciel bleu et blanc et la monotonie de ces couleurs, noir gluant du goudron ouvert, noir terne des habits, noir laqué de la voiture. Tout cela, le soleil, l'odeur de cuir et de crottin de la voiture, celle du vernis et celle de l'encens, la fatigue d'une nuit d'insomnie, me troublait le regard et les idées. Je me suis retourné une fois de plus: Pérez m'a paru très loin, perdu dans une nuée de chaleur, puis je ne l'ai plus aperçu. Je l'ai cherché du regard et j'ai vu qu'il avait quitté la route et pris à travers champs. J'ai constaté aussi que devant moi la route tournait. J'ai compris que Pérez qui connaissait le pays coupait au plus court pour nous rattraper. Au tournant il nous avait rejoints. Puis nous l'avons perdu. Il a repris encore à travers champs et comme cela plusieurs fois. Moi, je sentais le sang qui me battait aux tempes.*

Tout s'est passé ensuite avec tant de précipitation, de certitude et de naturel, que je ne me souviens plus de rien. Une chose seulement: à l'entrée du village, l'infirmière déléguée m'a parlé. Elle avait une voix singulière qui n'allait pas avec son visage, une voix mélodieuse et tremblante. Elle m'a dit: «Si on va doucement, on risque une insolation. Mais si on va trop vite, on est en transpiration et dans l'église on attrape un chaud et froid.» Elle avait raison. Il n'y avait pas d'issue. J'ai encore gardé quelques images de cette journée: par exemple, le visage de Pérez quand, pour la dernière fois, il nous a rejoints près du village. De grosses larmes d'énervement et de peine ruisselaient sur ses joues. Mais, à cause des rides, elles ne s'écoulaient pas. Elle s'étalaient, se rejoignaient et formaient un vernis d'eau* sur ce visage détruit. Il y a eu encore l'église et les villageois sur les trottoirs, les géraniums rouges sur les tombes du cimetière, l'évanouissement de Pérez (on eût dit un pantin disloqué*), la terre couleur de sang qui roulait sur la bière de maman, la chair blanche des racines qui s'y mêlaient, encore du monde, des voix, le village, l'attente devant un café, l'incessant ronflement du moteur, et ma joie* quand l'autobus est entré dans le nid de lumières d'Alger et que j'ai pensé que j'allais me coucher et dormir pendant douze heures.

II

En me réveillant, j'ai compris pourquoi mon patron avait
l'air mécontent quand je lui ai demandé mes deux jours de
congé: c'est aujourd'hui samedi. Je l'avais pour ainsi dire
oublié, mais en me levant, cette idée m'est venue. Mon
patron, tout naturellement, a pensé que j'aurais ainsi quatre
jours de vacances avec mon dimanche et cela ne pouvait pas
lui faire plaisir. Mais d'une part, ce n'est pas de ma faute si
on a enterré maman hier au lieu d'aujourd'hui et d'autre
part, j'aurais eu mon samedi et mon dimanche de toute façon.
Bien entendu, cela ne m'empêche pas de comprendre tout
de même mon patron.

J'ai eu de la peine à me lever parce que j'étais fatigué de
ma journée d'hier. Pendant que je me rasais, je me suis
demandé ce que j'allais faire et j'ai décidé d'aller me
baigner. J'ai pris le tram pour aller à l'établissement de bains
du port. Là, j'ai plongé dans la passe. Il y avait beaucoup de
jeunes gens. J'ai retrouvé dans l'eau Marie Cardona,* une
ancienne dactylo de mon bureau dont j'avais eu envie à
l'époque. Elle aussi, je crois. Mais elle est partie peu après et
nous n'avons pas eu le temps. Je l'ai aidée à monter sur une
bouée et, dans ce mouvement, j'ai effleuré ses seins. J'étais
encore dans l'eau quand elle était déjà à plat ventre sur la
bouée. Elle s'est retournée vers moi. Elle avait les cheveux
dans les yeux et elle riait. Je me suis hissé à côté d'elle sur la

bouée. Il faisait bon et, comme en plaisantant, j'ai laissé
aller ma tête en arrière et je l'ai posée sur son ventre. Elle
n'a rien dit et je suis resté ainsi. J'avais tout le ciel dans les
yeux et il était bleu et doré. Sous ma nuque, je sentais le
ventre de Marie battre doucement. Nous sommes restés
longtemps sur la bouée, à moitié endormis. Quand le soleil
est devenu trop fort, elle a plongé et je l'ai suivie. Je l'ai
rattrapée, j'ai passé ma main autour de sa taille et nous
avons nagé ensemble. Elle riait toujours.* Sur le quai, pendant que nous nous séchions, elle m'a dit: «Je suis plus brune
que vous.» Je lui ai demandé si elle voulait venir au cinéma, le
soir. Elle a encore ri et m'a dit qu'elle avait envie de voir un
film avec Fernandel.* Quand nous nous sommes rhabillés,
elle a eu l'air très surprise de me voir avec une cravate noire et
elle m'a demandé si j'étais en deuil. Je lui ai dit que maman
était morte. Comme elle voulait savoir depuis quand, j'ai
répondu: «Depuis hier.» Elle a eu un petit recul, mais n'a fait
aucune remarque. J'ai eu envie de lui dire que ce n'était pas
de ma faute, mais je me suis arrêté parce que j'ai pensé que
je l'avais déjà dit à mon patron. Cela ne signifiait rien. De
toute façon, on est toujours un peu fautif.*

Le soir, Marie avait tout oublié. Le film était drôle par
moments et puis vraiment trop bête. Elle avait sa jambe
contre la mienne. Je lui caressais les seins. Vers la fin de la
séance, je l'ai embrassée, mais mal. En sortant, elle est
venue chez moi.

Quand je me suis réveillé, Marie était partie. Elle m'avait
expliqué qu'elle devait aller chez sa tante. J'ai pensé que
c'était dimanche et cela m'a ennuyé: je n'aime pas le
dimanche.* Alors, je me suis retourné dans mon lit, j'ai
cherché dans le traversin l'odeur de sel que les cheveux de
Marie y avaient laissée et j'ai dormi jusqu'à dix heures. J'ai
fumé ensuite des cigarettes, toujours couché, jusqu'à midi.
Je ne voulais pas déjeuner chez Céleste comme d'habitude
parce que, certainement, ils m'auraient posé des questions et
je n'aime pas cela. Je me suis fait cuire des œufs et je les ai
mangés à même le plat, sans pain parce que je n'en avais

plus et que je ne voulais pas descendre pour en acheter.

Après le déjeuner, je me suis ennuyé* un peu et j'ai erré dans l'appartement. Il était commode quand maman était là. Maintenant il est trop grand pour moi et j'ai dû transporter dans ma chambre la table de la salle à manger. Je ne vis plus que dans cette pièce, entre les chaises de paille un peu creusées, l'armoire dont la glace est jaunie, la table de toilette et le lit de cuivre. Le reste est à l'abandon.* Un peu plus tard, pour faire quelque chose, j'ai pris un vieux journal et je l'ai lu. J'y ai découpé une réclame des sels Kruschen* et je l'ai collée dans un vieux cahier où je mets les choses qui m'amusent dans les journaux. Je me suis aussi lavé les mains et, pour finir, je me suis mis au balcon.

Ma chambre donne sur la rue principale du faubourg.* L'après-midi était beau. Cependant, le pavé était gras, les gens rares et pressés encore. C'étaient d'abord des familles allant en promenade, deux petits garçons en costume marin, la culotte au-dessous du genou, un peu empêtrés dans leurs vêtements raides, et une petite fille avec un gros nœud rose et des souliers noirs vernis. Derrière eux, une mère énorme, en robe de soie marron, et le père, un petit homme assez frêle que je connais de vue. Il avait un canotier, un nœud papillon et une canne à la main. En le voyant avec sa femme, j'ai compris pourquoi dans le quartier on disait de lui qu'il était distingué. Un peu plus tard passèrent les jeunes gens du faubourg, cheveux laqués et cravate rouge, le veston très cintré, avec une pochette brodée et des souliers à bouts carrés. J'ai pensé qu'ils allaient aux cinémas du centre. C'était pourquoi ils partaient si tôt et se dépêchaient vers le tram en riant très fort.

Après eux, la rue peu à peu est devenue déserte. Les spectacles étaient partout commencés, je crois. Il n'y avait plus dans la rue que les boutiquiers et les chats. Le ciel était pur mais sans éclat au-dessus des ficus qui bordent la rue. Sur le trottoir d'en face, le marchand de tabac a sorti une chaise, l'a installée devant sa porte et l'a enfourchée en s'appuyant des deux bras sur le dossier. Les trams tout à l'heure bondés étaient presque vides. Dans le petit café: «Chez Pierrot», à côté du marchand de tabac, le garçon balayait de la sciure dans la salle déserte. C'était vraiment dimanche.

J'ai retourné ma chaise et je l'ai placée comme celle du marchand de tabac parce que j'ai trouvé que c'était plus commode. J'ai fumé deux cigarettes, je suis rentré pour prendre un morceau de chocolat et je suis revenu le manger à la fenêtre. Peu après, le ciel s'est assombri et j'ai cru que nous allions avoir un orage d'été. Il s'est découvert peu à peu cependant. Mais le passage des nuées avait laissé sur la rue comme une promesse de pluie qui l'a rendue plus sombre. Je suis resté longtemps à regarder le ciel.

A cinq heures, des tramways sont arrivés dans le bruit. Ils ramenaient du stade de banlieue des grappes de spectateurs perchés sur les marchepieds et les rambardes. Les tramways suivants ont ramené les joueurs que j'ai reconnus à leurs petites valises. Ils hurlaient et chantaient à pleins poumons que leur club ne périrait pas. Plusieurs m'ont fait des signes. L'un m'a même crié: «On les a eus.»* Et j'ai fait: «Oui», en secouant la tête. A partir de ce moment, les autos ont commencé à affluer.

La journée a tourné encore un peu. Au-dessus des toits, le ciel est devenu rougeâtre et, avec le soir naissant, les rues se sont animées. Les promeneurs revenaient peu à peu. J'ai reconnu le monsieur distingué au milieu d'autres. Les enfants pleuraient ou se laissaient traîner. Presque aussitôt, les cinémas du quartier ont déversé dans la rue un flot de spectateurs. Parmi eux, les jeunes gens avaient des gestes plus décidés que d'habitude et j'ai pensé qu'ils avaient vu un film d'aventures. Ceux qui revenaient des cinémas de la ville arrivèrent un peu plus tard. Ils semblaient plus graves. Ils riaient encore, mais de temps en temps, ils paraissaient fatigués et songeurs. Ils sont restés dans la rue, allant et venant sur le trottoir d'en face. Les jeunes filles du quartier, en cheveux, se tenaient par le bras. Les jeunes gens s'étaient arrangés pour les croiser et ils lançaient des plaisanteries dont elles riaient en détournant la tête. Plusieurs d'entre elles, que je connaissais, m'ont fait des signes.

Les lampes de la rue se sont alors allumées brusquement et elles ont fait pâlir les premières étoiles qui montaient dans la nuit. J'ai senti mes yeux se fatiguer à regarder les trottoirs avec leur chargement d'hommes et de lumières. Les lampes faisaient luire le pavé mouillé, et les tramways, à intervalles réguliers, mettaient leurs reflet sur des cheveux brillants, un sourire ou un bracelet d'argent. Peu après, avec les tramways plus rares et la nuit déjà noire au-dessus des arbres et des lampes, le quartier s'est vidé insensiblement, jusqu'à ce que le premier chat traverse lentement la rue de nouveau déserte. J'ai pensé alors qu'il fallait dîner. J'avais un peu mal au cou d'être resté longtemps appuyé sur le dos de ma chaise.* Je suis descendu acheter du pain et des pâtes, j'ai fait ma cuisine et j'ai mangé debout. J'ai voulu fumer une cigarette à la fenêtre, mais l'air avait fraîchi et j'ai eu un peu froid. J'ai fermé mes fenêtres et en revenant j'ai vu dans la glace un bout de table où ma lampe à alcool voisinait avec des morceaux de pain. J'ai pensé que c'était toujours un dimanche de tiré, que maman était maintenant enterrée, que j'allais reprendre mon travail et que, somme toute, il n'y avait rien de changé.*

III

Aujourd'hui j'ai beaucoup travaillé au bureau. Le patron a été aimable. Il m'a demandé si je n'étais pas trop fatigué et il a voulu savoir aussi l'âge de maman. J'ai dit «une soixantaine d'années», pour ne pas me tromper et je ne sais pas pourquoi il a eu l'air d'être soulagé et de considérer que c'était une affaire terminée.

Il y avait un tas de connaissements* qui s'amoncelaient sur ma table et il a fallu que je les dépouille tous. Avant de quitter le bureau pour aller déjeuner, je me suis lavé les mains. A midi, j'aime bien ce moment. Le soir, j'y trouve moins de plaisir parce que la serviette roulante qu'on utilise est tout à fait humide: elle a servi toute la journée. J'en ai fait la remarque un jour à mon patron. Il m'a répondu qu'il trouvait cela regrettable, mais que c'était tout de même un détail sans importance. Je suis sorti un peu tard, à midi et demi, avec Emmanuel, qui travaille à l'expédition. Le bureau donne sur la mer et nous avons perdu un moment à regarder les cargos dans le port brûlant de soleil. A ce moment, un camion est arrivé dans un fracas de chaînes et d'explosions. Emmanuel m'a demandé «si on y allait» et je me suis mis à courir. Le camion nous a dépassés et nous nous sommes lancés à sa poursuite. J'étais noyé dans le bruit et la poussière. Je ne voyais plus rien et ne sentais que cet élan désordonné de la course, au milieu des treuils* et des

machines, des mâts qui dansaient sur l'horizon et des
coques que nous longions. J'ai pris appui le premier et j'ai
sauté au vol. Puis j'ai aidé Emmanuel à s'asseoir. Nous
étions hors de souffle, le camion sautait sur les pavés
inégaux du quai, au milieu de la poussière et du soleil.
Emmanuel riait à perdre haleine.

Nous sommes arrivés en nage chez Céleste. Il était
toujours là, avec son gros ventre, son tablier et ses mous-
taches blanches. Il m'a demandé si «ça allait quand même». Je
lui ai dit que oui et que j'avais faim. J'ai mangé très vite et
j'ai pris du café. Puis je suis rentré chez moi, j'ai dormi un
peu parce que j'avais trop bu de vin et, en me réveillant, j'ai
eu envie de fumer. Il était tard et j'ai couru pour attraper un
tram. J'ai travaillé tout l'après-midi. Il faisait très chaud
dans le bureau et le soir, en sortant j'ai été heureux de
revenir en marchant lentement le long des quais. Le ciel était
vert, je me sentais content. Tout de même, je suis rentré
directement chez moi parce que je voulais me préparer des
pommes de terre bouillies.

En montant, dans l'escalier noir, j'ai heurté le vieux
Salamano, mon voisin de palier. Il était avec son chien. Il y a
huit ans qu'on les voit ensemble. L'épagneul a une maladie
de peau, le rouge,* je crois, qui lui fait perdre presque tous
ses poils et qui le couvre de plaques et de croûtes brunes. A
force de vivre avec lui, seuls tous les deux dans une petite
chambre, le vieux Salamano a fini par lui ressembler. Il a des
croûtes rougeâtres sur le visage et le poil jaune et rare. Le
chien, lui, a pris de son patron une sorte d'allure voûtée, le
museau en avant et le cou tendu. Ils ont l'air de la même race
et pourtant ils se détestent. Deux fois par jour, à onze heures
et à six heures, le vieux mène son chien promener. Depuis
huit ans, ils n'ont pas changé leur itinéraire. On peut les voir
le long de la rue de Lyon, le chien tirant l'homme jusqu'à ce
que le vieux Salamano bute. Il bat son chien alors et il
l'insulte. Le chien rampe de frayeur et se laisse traîner. A ce
moment, c'est au vieux de le tirer. Quand le chien a oublié, il
entraîne de nouveau son maître et il est de nouveau battu et

insulté. Alors, ils restent tous les deux sur le trottoir et ils se regardent, le chien avec terreur, l'homme avec haine. C'est ainsi tous les jours. Quand le chien veut uriner, le vieux ne lui en laisse pas le temps et le tire, l'épagneul semant derrière lui une traînée de petites gouttes. Si par hasard, le chien fait dans la chambre, alors il est encore battu. Il y a huit ans que cela dure. Céleste dit toujours que «c'est malheureux», mais au fond, personne ne peut savoir.* Quand je l'ai rencontré dans l'escalier, Salamano était en train d'insulter son chien. Il lui disait: «Salaud! Charogne!» et le chien gémissait. J'ai dit: «Bonsoir», mais le vieux insultait toujours. Alors je lui ai demandé ce que le chien lui avait fait. Il ne m'a pas répondu. Il disait seulement: «Salaud! Charogne!» Je le devinais, penché sur son chien, en train d'arranger quelque chose sur le collier. J'ai parlé plus fort. Alors sans se retourner, il m'a répondu avec une sorte de rage rentrée: «Il est toujours là.»* Puis il est parti en tirant la bête qui se laissait traîner sur ses quatre pattes, et gémissait.

Juste à ce moment est entré mon deuxième voisin de palier. Dans le quartier on dit qu'il vit des femmes. Quand on lui demande son métier, pourtant, il est «magasinier». En général, il n'est guère aimé. Mais il me parle souvent et quelquefois il passe un moment chez moi parce que je l'écoute. Je trouve que ce qu'il dit est intéressant. D'ailleurs, je n'ai aucune raison de ne pas lui parler. Il s'appelle Raymond Sintès.* Il est assez petit, avec de larges épaules et un nez de boxeur. Il est toujours habillé très correctement. Lui aussi m'a dit, en parlant de Salamano: «Si c'est pas malheureux!» Il m'a demandé si ça ne me dégoûtait pas et j'ai répondu que non.

Nous sommes montés et j'allais le quitter quand il m'a dit: «J'ai chez moi du boudin et du vin. Si vous voulez manger un morceau avec moi? . . . » J'ai pensé que cela m'éviterait de faire ma cuisine et j'ai accepté. Lui aussi n'a qu'une chambre, avec une cuisine sans fenêtre. Au-dessus de son lit, il a un ange en stuc blanc et rose, des photos de champions et deux ou trois clichés de femmes nues. La chambre était sale et le lit défait. Il a d'abord allumé sa lampe à pétrole, puis il a sorti un pansement assez douteux de sa poche et a enveloppé sa main droite. Je lui ai demandé ce qu'il avait. Il m'a dit qu'il avait eu une bagarre avec un type qui lui cherchait des histoires.

«Vous comprenez, monsieur Meursault, m'a-t-il dit, c'est pas que je suis méchant, mais je suis vif. L'autre, il m'a dit*. "Descends du tram si tu es un homme." Je lui ai dit: "Allez, reste tranquille." Il m'a dit que je n'étais pas un homme. Alors je suis descendu et je lui ai dit: "Assez, ça vaut mieux, ou je vais te mûrir," Il m'a répondu: "De quoi?"* Alors je lui en ai donné un. Il est tombé. Moi, j'allais le relever. Mais il m'a donné des coups de pied de par terre. Alors je lui ai donné un coup de genou et deux taquets. Il avait la figure en sang. Je lui ai demandé s'il avait son compte. Il m'a dit: "Oui."»

Pendant tout ce temps, Sintès arrangeait son pansement. J'étais assis sur le lit. Il m'a dit: «Vous voyez que je ne l'ai pas cherché. C'est lui qui m'a manqué.» C'était vrai et je l'ai reconnu. Alors il m'a déclaré que, justement, il voulait me demander un conseil au sujet de cette affaire, que moi, j'étais un homme, je connaissais la vie, que je pouvais l'aider et qu'ensuite il serait mon copain. Je n'ai rien dit et il m'a demandé encore si je voulais être son copain. J'ai dit que ça m'était égal: il a eu l'air content. Il a sorti du boudin, il l'a fait cuire à la poêle, et il a installé des verres, des assiettes, des couverts et deux bouteilles de vin. Tout cela en silence. Puis nous nous sommes installés. En mangeant, il a commencé à me raconter son histoire. Il hésitait d'abord un peu. «J'ai connu une dame . . . c'était pour autant dire ma maîtresse.» L'homme avec qui il s'était battu était le frère de cette femme. Il m'a dit qu'il l'avait entretenue. Je n'ai rien répondu et pourtant il a ajouté tout de suite qu'il savait ce qu'on disait dans le quartier, mais qu'il avait sa conscience pour lui et qu'il était magasinier.

Pour en venir à mon histoire, m'a-t-il dit, je me suis aperçu qu'il y avait de la tromperie.»* Il lui donnait juste de quoi vivre. Il payait lui-même le loyer de sa chambre et il lui donnait vingt francs par jour pour la nourriture. «Trois cents francs de chambre, six cents francs de nourriture, une paire de bas de temps en temps, ça faisait mille francs. Et madame ne travaillait pas. Mais elle me disait que c'était juste, qu'elle n'arrivait pas avec ce que je lui donnais.* Pourtant, je lui disais: "Pourquoi tu travailles pas une demi-journée? Tu me soulagerais bien pour toutes ces petites choses. Je t'ai acheté un ensemble ce mois-ci, je te paye vingt francs par jour, je te paye le loyer et toi, tu prends le café l'après-midi avec tes amies. Tu leur donnes le café et le sucre. Moi, je te donne l'argent. J'ai bien agi avec toi et tu me le rends mal." Mais elle ne travaillait pas, elle disait toujours qu'elle n'arrivait pas et c'est comme ça que je me suis aperçu qu'il y avait de la tromperie.»

Il m'a alors raconté qu'il avait trouvé un billet de loterie dans son sac et qu'elle n'avait pas pu lui expliquer comment elle l'avait acheté. Un peu plus tard, il avait trouvé chez elle «une indication» du mont-de-piété* qui prouvait qu'elle avait engagé deux bracelets. Jusque-là, il ignorait l'existence de ces bracelets. «J'ai bien vu qu'il y avait de la tromperie. Alors, je l'ai quittée. Mais d'abord, je l'ai tapée. Et puis, je lui ai dit ses vérités. Je lui ai dit que tout ce qu'elle voulait, c'était s'amuser avec sa chose. Comme je lui ai dit, vous comprenez, monsieur Meursault: "Tu ne vois pas que le monde il est jaloux du bonheur que je te donne. Tu connaîtras plus tard le bonheur que tu avais."»

Il l'avait battue jusqu'au sang. Auparavant, il ne la battait pas. «Je la tapais, mais tendrement pour ainsi dire. Elle criait un peu. Je fermais les volets et ça finissait comme toujours. Mais maintenant, c'est sérieux. Et pour moi, je l'ai pas assez punie.»

Il m'a expliqué alors que c'était pour cela qu'il avait besoin d'un conseil. Il s'est arrêté pour régler la mèche de la lampe qui charbonnait. Moi, je l'écoutais toujours. J'avais bu près d'un litre de vin et j'avais très chaud aux tempes. Je fumais les cigarettes de Raymond parce qu'il ne m'en restait plus. Les derniers trams passaient et emportaient avec eux les bruits maintenant lointains du faubourg. Raymond a continué. Ce qui l'ennuyait, «c'est qu'il avait encore un sentiment pour son coït».* Mais il voulait la punir. Il avait d'abord pensé à l'emmener dans un hôtel et à appeler les «mœurs»* pour causer un scandale et la faire mettre en carte.* Ensuite, il s'était adressé à des amis qu'il avait dans le milieu.* Ils n'avaient rien trouvé. Et comme me le faisait remarquer Raymond, c'était bien la peine d'être du milieu. Il le leur avait dit et ils avaient alors proposé de la «marquer».* Mais ce n'était pas ce qu'il voulait. Il allait réfléchir. Auparavant il voulait me demander quelque chose. D'ailleurs, avant de me le demander, il voulait savoir ce que je pensais de cette histoire. J'ai répondu que je n'en pensais rien mais que c'était intéressant. Il m'a demandé si je pensais qu'il y avait de la tromperie, et moi, il me semblait bien qu'il y avait de la tromperie, si je trouvais qu'on devait la punir et ce que je ferais à sa place, je lui ai dit qu'on ne pouvait jamais savoir, mais je comprenais qu'il veuille la punir.* J'ai encore bu un peu de vin. Il a allumé une cigarette et il m'a découvert son idée. Il voulait lui écrire une lettre «avec des coups de pied et en même temps des choses pour la faire regretter». Après, quand elle reviendrait, il coucherait avec elle et «juste au moment de finir» il lui cracherait à la figure et il la mettrait dehors. J'ai trouvé qu'en effet, de cette façon, elle serait punie. Mais Raymond m'a dit qu'il ne se sentait pas capable de faire la lettre qu'il fallait et qu'il avait pensé à moi pour la rédiger. Comme je ne disais rien, il m'a demandé si cela m'ennuierait de le faire tout de suite et j'ai répondu que non.

Il s'est alors levé après avoir bu un verre de vin. Il a repoussé les assiettes et le peu de boudin froid que nous avions laissé. Il a soigneusement essuyé la toile cirée de la table. Il a pris dans un tiroir de sa table de nuit une feuille de papier quadrillé, une enveloppe jaune, un petit port-plume de bois rouge et un encrier carré d'encre violette. Quand il m'a dit le nom de la femme, j'ai vu que c'était une

Mauresque.* J'ai fait la lettre. Je l'ai écrite un peu au hasard, mais je me suis appliqué à contenter Raymond parce que je n'avais pas de raison de ne pas le contenter. Puis j'ai lu la lettre à haute voix. Il m'a écouté en fumant et en hochant la tête, puis il m'a demandé de la relire. Il a été tout à fait content. Il m'a dit: «Je savais bien que tu connaissais la vie.» Je ne me suis pas aperçu d'abord qu'il me tutoyait. C'est seulement quand il m'a déclaré: «Maintenant, tu es un vrai copain», que cela m'a frappé. Il a répété sa phrase et j'ai dit: «Oui.» Cela m'était égal d'être son copain et il avait vraiment l'air d'en avoir envie. Il a cacheté la lettre et nous avons fini le vin. Puis nous sommes restés un moment à fumer sans rien dire. Au-dehors, tout était calme, nous avons entendu le glissement d'une auto qui passait. J'ai dit: «Il est tard.» Raymond le pensait aussi. Il a remarqué que le temps passait vite et, dans un sens, c'était vrai. J'avais sommeil, mais j'avais de la peine à me lever. J'ai dû avoir l'air fatigué parce que Raymond m'a dit qu'il ne fallait pas se laisser aller. D'abord, je n'ai pas compris. Il m'a expliqué alors qu'il avait appris la mort de maman mais que c'était une chose qui devait arriver un jour ou l'autre. C'était aussi mon avis.*

Je me suis levé, Raymond m'a serré la main très fort et m'a dit qu'entre hommes on se comprenait toujours. En sortant de chez lui, j'ai refermé la porte et je suis resté un moment dans le noir, sur le palier. La maison était calme et des profondeurs de la cage d'escalier montait un souffle obscur* et humide. Je n'entendais que les coups de mon sang qui bourdonnait à mes oreilles. Je suis resté immobile. Mais dans la chambre du vieux Salamano, le chien a gémi sourdement.*

IV

J'ai bien travaillé toute la semaine, Raymond est venu et m'a dit qu'il avait envoyé la lettre. Je suis allé au cinéma deux fois avec Emmanuel qui ne comprend pas toujours ce qui se passe sur l'écran. Il faut alors lui donner des explications. Hier, c'était samedi et Marie est venue, comme nous en étions convenus. J'ai eu très envie d'elle parce qu'elle avait une belle robe à raies rouges et blanches et des sandales de cuir. On devinait ses seins durs et le brun du soleil lui faisait un visage de fleur. Nous avons pris un autobus et nous sommes allés à quelques kilomètres d'Alger, sur une plage resserrée entre des rochers et bordée de roseaux du côté de la terre. Le soleil de quatre heures n'était pas trop chaud, mais l'eau était tiède, avec de petites vagues longues et paresseuses. Marie m'a appris un jeu. Il fallait, en nageant, boire à la crête des vagues, accumuler dans sa bouche toute l'écume et se mettre ensuite sur le dos pour la projeter contre le ciel. Cela faisait alors une dentelle mousseuse qui disparaissait dans l'air ou me retombait en pluie tiède* sur le visage. Mais au bout de quelque temps, j'avais la bouche brûlée par l'amertume du sel. Marie m'a rejoint alors et s'est collée à moi dans l'eau. Elle a mis sa bouche contre la mienne. Sa langue rafraîchissait mes lèvres et nous nous sommes roulés dans les vagues pendant un moment.

Quand nous nous sommes rhabillés sur la plage, Marie me

regardait avec des yeux brillants.* Je l'ai embrassée. A partir de ce moment, nous n'avons plus parlé. Je l'ai tenue contre moi et nous avons été pressés de trouver un autobus, de rentrer, d'aller chez moi et de nous jeter sur mon lit. J'avais laissé ma fenêtre ouverte et c'était bon de sentir la nuit d'été couler sur nos corps bruns.

Ce matin, Marie est restée et je lui ai dit que nous déjeunerions ensemble. Je suis descendu pour acheter de la viande. En remontant, j'ai entendu une voix de femme dans la chambre de Raymond. Un peu après, le vieux Salamano a grondé son chien, nous avons entendu un bruit de semelles et de griffes sur les marches en bois de l'escalier et puis: «Salaud, charogne», ils sont sortis dans la rue. J'ai raconté à Marie l'histoire du vieux et elle a ri. Elle avait un de mes pyjamas dont elle avait retroussé les manches. Quand elle a ri, j'ai eu encore envie d'elle. Un moment après, elle m'a demandé si je l'aimais. Je lui ai répondu que cela ne voulait rien dire, mais qu'il me semblait que non.* Elle a eu l'air triste. Mais en préparant le déjeuner, et à propos de rien, elle a encore ri de telle façon que je l'ai embrassée. C'est à ce moment que les bruits d'une dispute ont éclaté chez Raymond.

On a d'abord entendu une voix aiguë de femme et puis Raymond qui disait: «Tu m'as manqué, tu m'as manqué. Je vais t'apprendre à me manquer.» Quelques bruits sourds et la femme a hurlé, mais de si terrible façon qu'immédiatement le palier s'est empli de monde. Marie et moi nous sommes sortis aussi. La femme criait toujours et Raymond frappait toujours. Marie m'a dit que c'était terrible et je n'ai rien répondu.* Elle m'a demandé d'aller chercher un agent, mais je lui ai dit que je n'aimais pas les agents. Pourtant, il en est arrivé un avec le locataire du deuxième qui est plombier. Il a frappé à la porte et on n'a plus rien entendu. Il a frappé plus fort et au bout d'un moment, la femme a pleuré et Raymond a ouvert. Il avait une cigarette à la bouche et l'air doucereux. La fille s'est précipitée à la porte et a déclaré à l'agent que Raymond l'avait frappée. «Ton nom», a dit l'agent. Raymond a répondu. «Enlève ta cigarette de la bouche quand tu me parles», a dit l'agent. Raymond a hésité, m'a regardé et a tiré sur sa cigarette. A ce moment, l'agent l'a giflé à toute volée d'une claque épaisse et lourde, en pleine joue. La cigarette est tombée quelques mètres plus loin. Raymond a changé de visage, mais il n'a rien dit sur le moment et puis il a demandé d'une voix humble s'il pouvait ramasser son mégot. L'agent a déclaré qu'il le pouvait et il a ajouté: «Mais la prochaine fois, tu sauras qu'un agent n'est pas un guignol.»* Pendant ce temps, la fille pleurait et elle a répété: «Il m'a tapée. C'est un maquereau.»* – «Monsieur l'agent, a demandé alors Raymond, c'est dans la loi, ça, de dire maquereau à un homme?» Mais l'agent lui a ordonné «de fermer sa gueule». Raymond s'est alors retourné vers la fille et il lui a dit: «Attends, petite, on se retrouvera.» L'agent lui a dit de fermer ça,* que la fille devait partir et lui rester dans sa chambre en attendant d'être convoqué au commissariat. Il a ajouté que Raymond devrait avoir honte d'être soûl au point de trembler comme il le faisait. A ce moment, Raymond lui a expliqué: «Je ne suis pas soûl, monsieur l'agent. Seulement, je suis là, devant vous, et je tremble, c'est forcé.» Il a fermé sa porte et tout le monde est parti. Marie et moi avons fini de préparer le déjeuner. Mais elle n'avait pas faim,* j'ai presque tout mangé. Elle est partie à une heure et j'ai dormi un peu.

Vers trois heures, on a frappé à ma porte et Raymond est entré. Je suis resté couché. Il s'est assis sur le bord de mon lit. Il est resté un moment sans parler et je lui ai demandé comment son affaire s'était passée. Il m'a raconté qu'il avait fait ce qu'il voulait mais qu'elle lui avait donné une gifle et qu'alors il l'avait battue. Pour le reste, je l'avais vu. Je lui ai dit qu'il me semblait que maintenant elle était punie et qu'il devait être content. C'était aussi son avis, et il a observé que l'agent avait beau faire, il ne changerait rien aux coups qu'elle avait reçus. Il a ajouté qu'il connaissait bien les agents et qu'il savait comment il fallait s'y prendre avec eux. Il m'a demandé alors si j'avais attendu qu'il réponde à la gifle de l'agent. J'ai répondu que je n'attendais rien du tout et que d'ailleurs je n'aimais pas les agents. Raymond a eu l'air très content. Il m'a demandé si je voulais sortir avec lui. Je me suis levé et j'ai commencé à me peigner. Il m'a dit qu'il fallait que je lui serve de témoin. Moi cela m'était égal, mais je ne savais pas ce qe je devais dire. Selon Raymond, il suffisait de déclarer que la fille lui avait manqué. J'ai accepté de lui servir de témoin.

Nous sommes sortis et Raymond m'a offert une fine.* Puis il a voulu faire une partie de billard et j'ai perdu de justesse. Il voulait ensuite aller au bordel, mais j'ai dit non parce que je n'aime pas ça.* Alors nous sommes rentrés doucement et il me disait combien il était content d'avoir réussi à punir sa maîtresse. Je le trouvais très gentil avec moi et j'ai pensé que c'était un bon moment.

De loin, j'ai aperçu sur le pas de la porte le vieux Salamano qui avait l'air agité. Quand nous nous sommes rapprochés, j'ai vu qu'il n'avait pas son chien. Il regardait de tous les côtés, tournait sur lui-même, tentait de percer le noir du couloir, marmonnait des mots sans suite et recommençait à fouiller la rue de ses petits yeux rouges. Quand Raymond lui a demandé ce qu'il avait, il n'a pas répondu tout de suite. J'ai vaguement entendu qu'il murmurait: «Salaud, charogne», et il continuait à s'agiter. Je lui ai demandé où était son chien. Il m'a répondu brusquement qu'il était parti. Et puis tout d'un coup, il a parlé avec volubilité: «Je l'ai emmené au Champ de Manœuvres, comme d'habitude. Il y avait du monde, autour des baraques foraines.* Je me suis arrêté pour regarder ''le Roi de l'Évasion''.* Et quand j'ai voulu repartir, il n'était plus là. Bien sûr, il y a longtemps que je voulais lui acheter un collier moins grand. Mais je n'aurais jamais cru que cette charogne pourrait partir comme ça.»

Raymond lui a expliqué alors que le chien avait pu s'égarer et qu'il allait revenir. Il lui a cité des exemples de chiens qui avaient fait des dizaines de kilomètres pour retrouver leur maître. Malgré cela, le vieux a eu l'air plus

agité. «Mais ils me le prendront, vous comprenez. Si encore
quelqu'un le recueillait. Mais ce n'est pas possible, il
dégoûte tout le monde avec ses croûtes. Les agents le
prendront, c'est sûr.» Je lui ai dit alors qu'il devait aller à la
fourrière et qu'on le lui rendrait moyennant le paiement de
quelques droits. Il m'a demandé si ces droits étaient élevés.
Je ne savais pas. Alors, il s'est mis en colère: «Donner de
l'argent pour cette charogne. Ah! il peut bien crever!» Et il
s'est mis à l'insulter. Raymond a ri et a pénétré dans la
maison. Je l'ai suivi et nous nous sommes quittés sur le palier
de l'étage. Un moment après, j'ai entendu le pas du vieux et
il a frappé à ma porte. Quand j'ai ouvert, il est resté un
moment sur le seuil et il m'a dit: «Excusez-moi, excusez-moi.»
Je l'ai invité à entrer, mais il n'a pas voulu. Il regardait la
pointe de ses souliers et ses mains croûteuses tremblaient.
Sans me faire face, il m'a demandé: «Ils ne vont pas me le
prendre, dites, monsieur Meursault. Ils vont me le rendre.
Ou qu'est-ce que je vais devenir?» Je lui ai dit que la fourrière
gardait les chiens trois jours à la disposition de leurs
propriétaires et qu'ensuite elle en faisait ce que bon lui
semblait. Il m'a regardé en silence.* Puis il m'a dit:
«Bonsoir.» Il a fermé sa porte et je l'ai entendu aller et venir.
Son lit a craqué. Et au bizarre petit bruit qui a traversé la
cloison, j'ai compris qu'il pleurait. Je ne sais pas pourquoi
j'ai pensé à maman.* Mais il fallait que je me lève tôt le
lendemain.* Je n'avais pas faim et je me suis couché sans
dîner.

V

Raymond m'a téléphoné au bureau. Il m'a dit qu'un de ses amis (il lui avait parlé de moi) m'invitait à passer la journée de dimanche dans son cabanon, près d'Alger. J'ai répondu que je le voulais bien, mais que j'avais promis ma journée à une amie. Raymond m'a tout de suite déclaré qu'il l'invitait aussi. La femme de son ami serait très contente de ne pas être seule au milieu d'un groupe d'hommes.

J'ai voulu raccrocher tout de suite parce que je sais que le patron n'aime pas qu'on nous téléphone de la ville. Mais Raymond m'a demandé d'attendre et il m'a dit qu'il aurait pu me transmettre cette invitation le soir, mais qu'il voulait m'avertir d'autre chose. Il avait été suivi toute la journée par un groupe d'Arabes parmi lesquels se trouvait le frère de son ancienne maîtresse. «Si tu le vois près de la maison ce soir en rentrant, avertis-moi.» J'ai dit que c'était entendu.

Peu après, le patron m'a fait appeler et, sur le moment, j'ai été ennuyé parce que j'ai pensé qu'il allait me dire de moins téléphoner et de mieux travailler. Ce n'était pas cela du tout. Il m'a déclaré qu'il allait me parler d'un projet encore très vague. Il voulait seulement avoir mon avis sur la question. Il avait l'intention d'installer un bureau à Paris qui traiterait ses affaires sur la place, et directement, avec les grandes compagnies et il voulait savoir si j'étais disposé à y aller. Cela me permettrait de vivre à Paris et aussi de voyager une

partie de l'année. «Vous êtes jeune, et il me semble que c'est
une vie qui doit vous plaire.» J'ai dit que oui mais que dans le
fond cela m'était égal. Il m'a demandé alors si je n'étais
pas intéressé par un changement de vie. J'ai répondu qu'on
ne changeait jamais de vie, qu'en tout cas toutes se valaient et
que la mienne ici ne me déplaisait pas du tout.* Il a eu l'air
mécontent, m'a dit que je répondais toujours à côté, que
je n'avais pas d'ambition et que cela était désastreux dans
les affaires. Je suis retourné travailler alors. J'aurais préféré ne pas le mécontenter, mais je ne voyais pas de raison
pour changer ma vie. En y réfléchissant bien, je n'étais pas
malheureux. Quand j'étais étudiant, j'avais beaucoup
d'ambitions de ce genre. Mais quand j'ai dû abandonner
mes études, j'ai très vite compris que tout cela était sans
importance réelle.*

Le soir, Marie est venue me chercher et m'a demandé si je
voulais me marier avec elle. J'ai dit que cela m'était égal et
que nous pourrions le faire si elle le voulait. Elle a voulu
savoir alors si je l'aimais. J'ai répondu comme je l'avais
déjà fait une fois, que cela ne signifiait rien mais que sans
doute je ne l'aimais pas. «Pourquoi m'épouser alors?» a-t-elle
dit. Je lui ai expliqué que cela n'avait aucune importance* et
que si elle le désirait, nous pouvions nous marier. D'ailleurs,
c'était elle qui le demandait et moi je me contentais de dire
oui. Elle a observé alors que le mariage était une chose
grave. J'ai répondu: «Non.»* Elle s'est tue un moment et elle
m'a regardé en silence. Puis elle a parlé. Elle voulait simplement savoir si j'aurais accepté la même proposition venant
d'une autre femme, à qui je serais attaché de la même façon.
J'ai dit: «Naturellement.» Elle s'est demandé alors si elle
m'aimait et moi, je ne pouvais rien savoir sur ce point. Après
un autre moment de silence, elle a murmuré que j'étais
bizarre, qu'elle m'aimait sans doute à cause de cela mais que
peut-être un jour je la dégoûterais pour les mêmes
raisons.* Comme je me taisais, n'ayant rien à ajouter, elle
m'a pris le bras en souriant et elle a déclaré qu'elle voulait se
marier avec moi. J'ai répondu que nous le ferions dès qu'elle

le voudrait. Je lui ai parlé alors de la proposition du patron et Marie m'a dit qu'elle aimerait connaître Paris. Je lui ai appris que j'y avais vécu dans un temps et elle m'a demandé comment c'était. Je lui ai dit: «C'est sale. Il y a des pigeons et des cours noires. Le gens ont la peau blanche.»*

Puis nous avons marché et traversé la ville par ses grandes rues. Les femmes étaient belles et j'ai demandé à Marie si elle le remarquait. Elle m'a dit que oui et qu'elle me comprenait. Pendant un moment, nous n'avons plus parlé. Je voulais cependant qu'elle reste avec moi et je lui ai dit que nous pouvions dîner ensemble chez Céleste. Elle en avait bien envie, mais elle avait à faire. Nous étions près de chez moi et je lui ai dit au revoir. Elle m'a regardé: «Tu ne veux pas savoir ce que j'ai à faire?» Je voulais bien le savoir, mais je n'y avais pas pensé et c'est ce qu'elle avait l'air de me reprocher. Alors, devant mon air empêtré, elle a encore ri et elle a eu vers moi un mouvement de tout le corps pour me tendre sa bouche.

J'ai dîné chez Céleste. J'avais déjà commencé à manger lorsqu'il est entré une bizarre petite femme qui m'a demandé si elle pouvait s'asseoir à ma table. Naturellement, elle le pouvait. Elle avait des gestes saccadés et des yeux brillants dans une petite figure de pomme. Elle s'est débarrassée de sa jaquette, s'est assise et a consulté fiévreusement la carte. Elle a appelé Céleste et a commandé immédiatement tous ses plats d'une voix à la fois précise et précipitée. En attendant les hors-d'œuvre, elle a ouvert son sac, en a sorti un petit carré de papier et un crayon, a fait d'avance l'addition, puis a tiré d'un gousset, augmentée du pourboire, la somme exacte qu'elle a placée devant elle. A ce moment, on lui a apporté des hors-d'œuvre qu'elle a engloutis à toute vitesse. En attendant le plat suivant, elle a encore sorti de son sac un crayon bleu et un magazine qui donnait les programmes radiophoniques de la semaine. Avec beaucoup de soin, elle a coché une à une presque toutes les émissions. Comme le magazine avait une douzaine de pages, elle a continué ce travail méticuleusement pendant tout le repas. J'avais déjà fini qu'elle cochait encore avec la même application. Puis elle s'est levée, a remis sa jaquette avec les mêmes gestes précis d'automate et elle est partie. Comme je n'avais rien à faire, je suis sorti aussi et je l'ai suivie un moment. Elle s'était placée sur la bordure du trottoir et avec une vitesse et une sûreté incroyables, elle suivait son chemin sans dévier et sans se retourner. J'ai fini par la perdre de vue et par revenir sur mes pas. J'ai pensé qu'elle était bizarre, mais je l'ai oubliée assez vite.*

Sur le pas de ma porte, j'ai trouvé le vieux Salamano. Je l'ai fait entrer et il m'a appris que son chien était perdu, car il n'était pas à la fourrière. Les employés lui avaient dit que, peut-être, il avait été écrasé. Il avait demandé s'il n'était pas possible de le savoir dans les commissariats. On lui avait répondu qu'on ne gardait pas trace de ces choses-là, parce qu'elles arrivaient tous les jours. J'ai dit au vieux Salamano qu'il pourrait avoir un autre chien, mais il a eu raison de me faire remarquer qu'il était habitué à celui-là.

J'étais accroupi sur mon lit et Salamano s'était assis sur une chaise devant la table. Il me faisait face et il avait ses deux mains sur les genoux. Il avait gardé son vieux feutre. Il mâchonnait des bouts de phrases sous sa moustache jaunie. Il m'ennuyait un peu, mais je n'avais rien à faire et je n'avais pas sommeil. Pour dire quelque chose, je l'ai interrogé sur son chien. Il m'a dit qu'il l'avait eu après la mort de sa femme. Il s'était marié assez tard. Dans sa jeunesse, il avait eu envie de faire du théâtre: au régiment il jouait dans les vaudevilles militaires. Mais finalement, il était entré dans les chemins de fer et il ne le regrettait pas, parce que maintenant il avait une petite retraite. Il n'avait pas été heureux avec sa femme, mais dans l'ensemble il s'était bien habitué à elle. Quand elle était morte, il s'était senti très seul. Alors, il avait demandé un chien à un camarade d'atelier et il avait eu celui-là très jeune. Il avait fallu le nourrir au biberon. Mais comme un chien vit moins qu'un homme, ils avaient fini par être vieux ensemble. «Il avait mauvais caractère, m'a dit Salamano. De temps en temps, on avait des prises de bec.

Mais c'était un bon chien quand même.» J'ai dit qu'il était de belle race et Salamano a eu l'air content. «Et encore, a-t-il ajouté, vous ne l'avez pas connu avant sa maladie. C'était le poil qu'il avait de plus beau.» Tous les soirs et tous les matins, depuis que le chien avait eu cette maladie de peau, Salamano le passait à la pommade. Mais selon lui, sa vraie maladie, c'était la vieillesse, et la vieillesse ne se guérit pas.

A ce moment, j'ai bâillé et le vieux m'a annoncé qu'il allait partir. Je lui ai dit qu'il pouvait rester, et que j'étais ennuyé de ce qui était arrivé à son chien: il m'a remercié. Il m'a dit que maman aimait beaucoup son chien. En parlant d'elle, il l'appelait «votre pauvre mère». Il a émis la supposition que je devais être bien malheureux depuis que maman était morte* et je n'ai rien répondu. Il m'a dit alors, très vite et avec un air gêné, qu'il savait que dans le quartier on m'avait mal jugé parce que j'avais mis ma mère à l'asile, mais il me connaissait et il savait que j'aimais beaucoup maman. J'ai répondu, je ne sais pas encore pourquoi, que j'ignorais jusqu'ici qu'on me jugeât mal à cet égard, mais que l'asile m'avait paru une chose naturelle puisque je n'avais pas assez d'argent pour faire garder maman. «D'ailleurs, ai-je ajouté, il y avait longtemps qu'elle n'avait rien à me dire et qu'elle s'ennuyait toute seule. – Oui, m'a-t-il dit, et à l'asile, du moins, on se fait des camarades.» Puis il s'est excusé. Il voulait dormir. Sa vie avait changé maintenant et il ne savait pas trop ce qu'il allait faire. Pour la première fois depuis que je le connaissais, d'un geste furtif, il m'a tendu la main et j'ai senti les écailles de sa peau. Il a souri un peu et avant de partir, il m'a dit: «J'espère que les chiens n'aboieront pas cette nuit. Je crois toujours que c'est le mien.»

VI

Le dimanche, j'ai eu de la peine à me réveiller et il a fallu que Marie m'appelle et me secoue. Nous n'avons pas mangé parce que nous voulions nous baigner tôt. Je me sentais tout à fait vide et j'avais un peu mal à la tête. Ma cigarette avait un goût amer. Marie s'est moquée de moi parce qu'elle disait que j'avais «une tête d'enterrement».*Elle avait mis une robe de toile blanche et lâché ses cheveux. Je lui ai dit qu'elle était belle, elle a ri de plaisir.

En descendant, nous avons frappé à la porte de Raymond. Il nous a répondu qu'il descendait. Dans la rue, à cause de ma fatigue et aussi parce que nous n'avions pas ouvert les persiennes, le jour, déjà tout plein de soleil, m'a frappé comme une gifle.* Marie sautait de joie et n'arrêtait pas de dire qu'il faisait beau. Je me suis senti mieux et je me suis aperçu que j'avais faim. Je l'ai dit à Marie qui m'a montré son sac en toile cirée où elle avait mis nos deux maillots et une serviette. Je n'avais plus qu'à attendre et nous avons entendu Raymond fermer sa porte. Il avait un pantalon bleu et une chemise blanche à manches courtes. Mais il avait mis un canotier, ce qui a fait rire Marie, et ses avant-bras étaient très blancs sous les poils noirs. J'en étais un peu dégoûté. Il sifflait en descendant et il avait l'air très content. Il m'a dit: «Salut, vieux», et il a appelé Marie «mademoiselle».

La veille nous étions allés au commissariat et j'avais

témoigné que la fille avait «manqué» à Raymond. Il en a été quitte pour un avertissement. On n'a pas contrôlé mon affirmation. Devant la porte, nous en avons parlé avec Raymond, puis nous avons décidé de prendre l'autobus. La plage n'était pas très loin, mais nous irions plus vite ainsi. Raymond pensait que son ami serait content de nous voir arriver tôt. Nous allions partir quand Raymond, tout d'un coup, m'a fait signe de regarder en face. J'ai vu un groupe d'Arabes adossés à la devanture du bureau de tabac. Ils nous regardaient en silence, mais à leur manière, ni plus ni moins que si nous étions des pierres ou des arbres morts.* Raymond m'a dit que le deuxième à partir de la gauche était son type, et il a eu l'air préoccupé. Il a ajouté que, pourtant, c'était maintenant une historie finie. Marie ne comprenait pas très bien et nous a demandé ce qu'il y avait. Je lui ai dit que c'étaient des Arabes qui en voulaient à Raymond. Elle a voulu qu'on parte tout de suite. Raymond s'est redressé et il a ri en disant qu'il fallait se dépêcher.

Nous sommes allés vers l'arrêt d'autobus qui était un peu plus loin et Raymond m'a annoncé que les Arabes ne nous suivaient pas. Je me suis retourné. Ils étaient toujours à la même place et ils regardaient avec la même indifférence l'endroit que nous venions de quitter. Nous avons pris l'autobus. Raymond, qui paraissait tout à fait soulagé, n'arrêtait pas de faire des plaisanteries pour Marie. J'ai senti qu'elle lui plaisait, mais elle ne lui répondait presque pas. De temps en temps, elle le regardait en riant.

Nous sommes descendus dans la banlieue d'Alger. La plage n'est pas loin de l'arrêt d'autobus. Mais il a fallu traverser un petit plateau qui domine la mer et qui dévale ensuite vers la plage. Il était couvert de pierres jaunâtres et d'asphodèles tout blancs sur le bleu déjà dur du ciel. Marie s'amusait à en éparpiller les pétales à grands coups de son sac de toile cirée. Nous avons marché entre des files de petites villas à barrières vertes ou blanches, quelques-unes enfouies avec leurs vérandas sous les tamaris, quelques autres nues au milieu des pierres. Avant d'arriver au bord du plateau, on pouvait voir déjà la mer immobile et plus loin un cap somnolent et massif dans l'eau claire. Un léger bruit de moteur est monté dans l'air calme jusqu'à nous. Et nous avons vu, très loin, un petit chalutier qui avançait, imperceptiblement, sur la mer éclatante. Marie a cueilli quelques iris de roche. De la pente qui descendait vers la mer nous avons vu qu'il y avait déjà quelques baigneurs.

L'ami de Raymond habitait un petit cabanon de bois à l'extrémité de la plage. La maison était adossée à des rochers et les pilotis qui la soutenaient sur le devant baignaient déjà dans l'eau. Raymond nous a présentés. Son ami s'appelait Masson. C'était un grand type, massif de taille et d'épaules, avec une petite femme ronde et gentille, à l'accent parisien. Il nous a dit tout de suite de nous mettre à l'aise et qu'il y avait une friture de poissons qu'il avait pêchés le matin même. Je lui ai dit combien je trouvais sa maison jolie. Il m'a appris qu'il y venait passer le samedi, le dimanche et tous ses jours de congé. «Avec ma femme, on s'entend bien», a-t-il ajouté. Justement, sa femme riait avec Marie. Pour la première fois peut-être, j'ai pensé vraiment que j'allais me marier.

Masson voulait se baigner, mais sa femme et Raymond ne voulaient pas venir. Nous sommes descendus tous les trois et Marie s'est immédiatement jetée dans l'eau. Masson et moi, nous avons attendu un peu. Lui parlait lentement et j'ai remarqué qu'il avait l'habitude de compléter tout ce qu'il avançait par un «et je dirai plus», même quand, au fond, il n'ajoutait rien au sens de sa phrase. A propos de Marie, il m'a dit: «Elle est épatante, et je dirai plus, charmante. Puis je n'ai plus fait attention à ce tic parce que j'étais occupé à éprouver que le soleil me faisait du bien. Le sable commençait à chauffer sous les pieds. J'ai retardé encore l'envie que j'avais de l'eau, mais j'ai fini par dire à Masson: «On y va?» J'ai plongé. Lui est entré dans l'eau doucement et s'est jeté quand il a perdu pied. Il nageait à la brasse et assez mal, de sorte que je l'ai laissé pour rejoindre Marie. L'eau était froide et j'étais content de nager. Avec Marie, nous nous sommes éloignés et nous nous sentions d'accord dans nos gestes et dans notre contentement.

Au large, nous avons fait la planche et sur mon visage tourné vers le ciel le soleil écartait les derniers voiles d'eau qui me coulaient dans la bouche. Nous avons vu que Masson regagnait la plage pour s'étendre au soleil. De loin, il paraissait énorme. Marie a voulu que nous nagions ensemble. Je me suis mis derrière elle pour la prendre par la taille et elle avançait à la force des bras pendant que je l'aidais en battant des pieds. Le petit bruit de l'eau battue nous a suivis dans le matin jusqu'à ce que je me sente fatigué. Alors j'ai laissé Marie et je suis rentré en nageant régulièrement et en respirant bien. Sur la plage, je me suis étendu à plat ventre près de Masson et j'ai mis ma figure dans le sable. Je lui ai dit que «c'était bon» et il était de cet avis. Peu après, Marie est venue. Je me suis retourné pour la regarder avancer. Elle était toute visqueuse d'eau salée et elle tenait ses cheveux en arrière. Elle s'est allongée flanc à flanc avec moi et les deux chaleurs de son corps et du soleil m'ont un peu endormi.

Marie m'a secoué et m'a dit que Masson était remonté chez lui, il fallait déjeuner. Je me suis levé tout de suite parce que j'avais faim, mais Marie m'a dit que je ne l'avais pas embrassée depuis ce matin. C'était vrai et pourtant j'en avais envie. «Viens dans l'eau», m'a-t-elle dit. Nous avons couru pour nous étaler dans les premières petites vagues. Nous avons fait quelques brasses et elle s'est collée contre moi. J'ai senti ses jambes autour des miennes et je l'ai désirée.

Quand nous sommes revenus, Masson nous appelait déjà. J'ai dit que j'avais très faim et il a déclaré tout de suite à sa femme que je lui plaisais. Le pain était bon, j'ai dévoré ma part de poisson. Il y avait ensuite de la viande et des pommes de terre frites. Nous mangions tous sans parler. Masson buvait souvent du vin et il me servait sans arrêt. Au café, j'avais la tête un peu lourde et j'ai fumé beaucoup. Masson, Raymond et moi, nous avons envisagé de passer ensemble le mois d'août à la plage, à frais communs. Marie nous a dit tout d'un coup: «Vous savez quelle heure il est? Il est onze heures et demie.» Nous étions tous étonnés, mais Masson a dit qu'on avait mangé très tôt, et que c'était naturel parce que l'heure du déjeuner, c'était l'heure où l'on avait faim. Je ne sais pas pourquoi cela a fait rire Marie. Je crois qu'elle avait un peu trop bu. Masson m'a demandé alors si je voulais me promener sur la plage avec lui. «Ma femme fait toujours la sieste après le déjeuner. Moi, je n'aime pas ça. Il faut que je marche. Je lui dis toujours que c'est meilleur pour la santé. Mais après tout, c'est son droit.» Marie a déclaré qu'elle resterait pour aider Mme Masson à faire la vaisselle. La petite Parisienne a dit que pour cela, il fallait mettre les hommes dehors. Nous sommes descendus tous les trois.

Le soleil tombait presque d'aplomb sur le sable et son éclat sur la mer était insoutenable.* Il n'y avait plus personne sur la plage. Dans les cabanons qui bordaient le plateau et qui surplombaient la mer, on entendait des bruits d'assiettes et de couverts. On respirait à peine dans la chaleur de pierre qui montait du sol. Pour commencer, Raymond et Masson ont parlé de choses et de gens que je ne connaissais pas. J'ai compris qu'il y avait longtemps qu'ils se connaissaient et qu'ils avaient même vécu ensemble à un moment. Nous nous sommes dirigés vers l'eau et nous avons longé la mer. Quelquefois, une petite vague plus longue que l'autre venait mouiller nos souliers de toile. Je ne pensais à rien parce que j'étais à moitié endormi par ce soleil sur ma tête nue.

A ce moment, Raymond a dit à Masson quelque chose que j'ai mal entendu. Mais j'ai aperçu en même temps, tout au bout de la plage et très loin de nous, deux Arabes en bleu de chauffe* qui venaient dans notre direction. J'ai regardé Raymond et il m'a dit: «C'est lui.» Nous avons continué à marcher. Masson a demandé comment ils avaient pu nous suivre jusque-là. J'ai pensé qu'ils avaient dû nous voir prendre l'autobus avec un sac de plage, mais je n'ai rien dit.

Les Arabes avançaient lentement et ils étaient déjà beaucoup plus rapprochés. Nous n'avons, pas changé notre allure, mais Raymond a dit: «S'il y a de la bagarre, toi, Masson, tu prendras le deuxième. Moi, je me charge de mon type. Toi, Meursault, s'il en arrive un autre, il est pour toi.» J'ai dit: «Oui» et Masson a mis ses mains dans les poches. Le sable surchauffé me semblait rouge maintenant. Nous avancions d'un pas égal vers les Arabes. La distance entre nous a diminué régulièrement. Quand nous avons été à quelques pas les uns des autres, les Arabes se sont arrêtés. Masson et moi nous avons ralenti notre pas. Raymond est allé tout droit vers son type. J'ai mal entendu ce qu'il lui a dit, mais l'autre a fait mine de lui donner un coup de tête. Raymond a frappé alors une première fois et il a tout de suite appelé Masson. Masson est allé à celui qu'on lui avait désigné et il a frappé deux fois avec tout son poids. L'Arabe s'est aplati dans l'eau, la face contre le fond, et il est resté quelques secondes ainsi, des bulles crevant à la surface, autour de sa tête. Pendant ce temps Raymond aussi a frappé et l'autre avait la figure en sang. Raymond s'est retourné vers moi et a dit: «Tu vas voir ce qu'il va prendre.» Je lui ai crié: «Attention, il a un couteau!» Mais déjà Raymond avait le bras ouvert et la bouche tailladée.

Masson a fait un bond en avant. Mais l'autre Arabe s'était relevé et il s'est placé derrière celui qui était armé. Nous n'avons pas osé bouger. Ils ont reculé lentement, sans cesser de nous regarder et de nous tenir en respect avec le couteau.* Quand ils ont vu qu'ils avaient assez de champ, ils se sont enfuis très vite, pendant que nous restions cloués sous le soleil et que Raymond tenait serré son bras dégouttant de sang.

Masson a dit immédiatement qu'il y avait un docteur qui passait ses dimanches sur le plateau. Raymond a voulu y aller tout de suite. Mais chaque fois qu'il parlait, le sang de sa blessure faisait des bulles dans sa bouche. Nous l'avons soutenu et nous sommes revenus au cabanon aussi vite que possible. Là, Raymond a dit que ses blessures étaient

superficielles et qu'il pouvait aller chez le docteur. Il est parti
avec Masson et je suis resté pour expliquer aux femmes ce
qui était arrivé. Mme Masson pleurait et Marie était très
pâle. Moi, cela m'ennuyait de leur expliquer. J'ai fini par
me taire et j'ai fumé en regardant la mer.

Vers une heure et demie, Raymond est revenu avec
Masson. Il avait le bras bandé et du sparadrap* au coin de la
bouche. Le docteur lui avait dit que ce n'était rien, mais
Raymond avait l'air très sombre. Masson a essayé de le faire
rire. Mais il ne parlait toujours pas. Quand il a dit qu'il
descendait sur la plage, je lui ai demandé où il allait. Masson
et moi avons dit que nous allions l'accompagner. Alors, il
s'est mis en colère et nous a insultés. Masson a déclaré qu'il
ne fallait pas le contrarier. Moi, je l'ai suivi quand même.

Nous avons marché longtemps sur la plage. Le soleil était
maintenant écrasant. Il se brisait en morceaux sur le sable et
sur la mer. J'ai eu l'impression que Raymond savait où il
allait, mais c'était sans doute faux. Tout au bout de la plage,
nous sommes arrivés enfin à une petite source qui coulait
dans le sable, derrière un gros rocher. Là, nous avons trouvé
nos deux Arabes. Ils étaient couchés, dans leurs bleus de
chauffe graisseux. Ils avaient l'air tout à fait calmes et
presque contents. Notre venue n'a rien changé. Celui qui
avait frappé Raymond le regardait sans rien dire. L'autre
soufflait dans un petit roseau et répétait sans cesse, en nous
regardant du coin de l'œil, les trois notes qu'il obtenait de
son instrument.

Pendant tout ce temps, il n'y a plus eu que le soleil et ce
silence, avec le petit bruit de la source et les trois notes. Puis
Raymond a porté la main à sa poche revolver, mais l'autre
n'a pas bougé et ils se regardaient toujours. J'ai remarqué
que celui qui jouait de la flûte avait les doigts des pieds
très écartés. Mais sans quitter des yeux son adversaire,
Raymond m'a demandé. «Je le descends?» J'ai pensé que si je
disais non il s'exciterait tout seul et tirerait certainement. Je
lui ai seulement dit: «Il ne t'a pas encore parlé. Ça ferait vilain
de tirer comme ça.» On a encore entendu le petit bruit d'eau et

de flûte au cœur du silence et de la chaleur. Puis Raymond a dit: «Alors, je vais l'insulter et quand il répondra, je le descendrai.» J'ai répondu: «C'est ça. Mais s'il ne sort pas son couteau, tu ne peux pas tirer.» Raymond a commencé à s'exciter un peu. L'autre jouait toujours et tous deux observaient chaque geste de Raymond. «Non, ai-je dit à Raymond. Prends-le d'homme à homme et donne-moi ton revolver. Si l'autre intervient, ou s'il tire son couteau, je le descendrai.»

Quand Raymond m'a donné son revolver, le soleil a glissé dessus. Pourtant, nous sommes restés encore immobiles comme si tout s'était refermé autour de nous. Nous nous regardions sans baisser les yeux et tout s'arrêtait ici entre la mer, le sable et le soleil, le double silence de la flûte et de l'eau. J'ai pensé à ce moment qu'on pouvait tirer ou ne pas tirer.* Mais brusquement, les Arabes, à reculons, se sont coulés derrière le rocher. Raymond et moi sommes alors revenus sur nos pas. Lui paraissait mieux et il a parlé de l'autobus du retour.

Je l'ai accompagné jusqu'au cabanon et, pendant qu'il gravissait l'escalier de bois je suis resté devant la première marche, la tête retentissante de soleil, découragé devant l'effort qu'il fallait faire pour monter l'étage de bois et aborder encore les femmes. Mais la chaleur était telle qu'il m'était pénible aussi de rester immobile sous la pluie aveuglante qui tombait du ciel. Rester ici ou partir, cela revenait au même. Au bout d'un moment, je suis retourné vers la plage et je me suis mis à marcher.

C'était le même éclatement rouge. Sur le sable, la mer haletait de toute la respiration rapide et étouffée de ses petites vagues. Je marchais lentement vers les rochers et je sentais mon front se gonfler sous le soleil. Toute cette chaleur s'appuyait sur moi et s'opposait à mon avance. Et chaque fois que je sentais son grand souffle chaud sur mon visage, je serrais les dents, je fermais les poings dans les poches de mon pantalon, je me tendais tout entier pour triompher du soleil et de cette ivresse opaque qu'il me déversait. A chaque épée de lumière jaillie du sable, d'un coquillage blanchi ou d'un débris de verre, mes mâchoires se crispaient. J'ai marché longtemps.

Je voyais de loin la petite masse sombre du rocher entourée d'un halo aveuglant par la lumière et la poussière de mer. Je pensais à la source fraîche derrière le rocher. J'avais envie de retrouver le murmure de son eau, envie de fuir le soleil, l'effort et les pleurs de femme, envie enfin de retrouver l'ombre et son repos. Mais quand j'ai été plus près, j'ai vu que le type de Raymond était revenu.

Il était seul. Il reposait sur le dos, les mains sous la nuque, le front dans les ombres du rocher, tout le corps au soleil. Son bleu de chauffe fumait dans la chaleur. J'ai été un peu surpris. Pour moi, c'était une histoire finie et j'étais venu là sans y penser.

Dès qu'il m'a vu, il s'est soulevé un peu et a mis la main dans sa poche. Moi, naturellement, j'ai serré le revolver de Raymond dans mon veston. Alors de nouveau, il s'est laissé aller en arrière, mais sans retirer la main de sa poche. J'étais assez loin de lui, à une dizaine de mètres. Je devinais son regard par instants, entre ses paupières mi-closes. Mais le plus souvent, son image dansait devant mes yeux, dans l'air enflammé. Le bruit des vagues était encore plus paresseux, plus étale qu'à midi. C'était le même soleil, la même lumière sur le même sable qui se prolongeait ici. Il y avait déjà deux heures que la journée n'avançait plus, deux heures qu'elle avait jeté l'ancre dans un océan de métal bouillant. A l'horizon, un petit vapeur est passé et j'en ai deviné la tache noire au bord de mon regard, parce que je n'avais pas cessé de regarder l'Arabe.

J'ai pensé que je n'avais qu'un demi-tour à faire et ce serait fini. Mais toute une plage vibrante de soleil se pressait derrière moi. J'ai fait quelques pas vers la source. L'Arabe n'a pas bougé. Malgré tout, il était encore assez loin. Peut-être à cause des ombres sur son visage, il avait l'air de rire. J'ai attendu. La brûlure du soleil gagnait mes joues et j'ai senti des gouttes de sueur s'amasser dans mes sourcils.

C'était le même soleil que le jour où j'avais enterré maman et, comme alors, le front surtout me faisait mal et toutes ses veines battaient ensemble sous la peau.* A cause de cette brûlure que je ne pouvais plus supporter, j'ai fait un mouvement en avant. Je savais que c'était stupide, que je ne me débarrasserais pas du soleil en me déplaçant d'un pas. Mais j'ai fait un pas, un seul pas en avant. Et cette fois, sans se soulever, l'Arabe a tiré son couteau qu'il m'a présenté dans le soleil. La lumière a giclé sur l'acier et c'était comme une longue lame étincelante qui m'atteignait au front. Au même instant, la sueur amassée dans mes sourcils a coulé d'un coup sur les paupières et les a recouvertes d'un voile tiède et épais.* Mes yeux étaient aveuglés derrière ce rideau de larmes et de sel. Je ne sentais plus que les cymbales du soleil sur mon front et, indistinctement, le glaive éclatant jailli du couteau toujours en face de moi. Cette épée brûlante rongeait mes cils et fouillait mes yeux douloureux. C'est alors que tout a vacillé. La mer a charrié un souffle épais et ardent. Il m'a semblé que le ciel s'ouvrait sur toute son étendue pour laisser pleuvoir du feu. Tout mon être s'est tendu et j'ai crispé ma main sur le revolver. La gâchette a cédé,* j'ai touché le ventre poli de la crosse et c'est là, dans le bruit à la fois sec et assourdissant que tout a commencé.* J'ai secoué la sueur et le soleil. J'ai compris que j'avais détruit l'équilibre du jour, le silence exceptionnel d'une plage où j'avais été heureux. Alors, j'ai tiré encore quatre fois sur un corps inerte où les balles s'enfonçaient sans qu'il y parût. Et c'était comme quatre coups brefs que je frappais sur la porte du malheur.*

DEUXIÈME PARTIE

I

Tout de suite après mon arrestation, j'ai été interrogé
plusieurs fois. Mais il s'agissait d'interrogatoires d'identité
qui n'ont pas duré longtemps. La première fois au commissariat, mon affaire semblait n'intéresser personne. Huit
jours après, le juge d'instruction,* au contraire, m'a regardé
avec curiosité. Mais pour commencer, il m'a seulement
demandé mon nom et mon adresse, ma profession, la date et
le lieu de ma naissance. Puis il a voulu savoir si j'avais choisi
un avocat. J'ai reconnu que non et je l'ai questionné pour
savoir s'il était absolument nécessaire d'en avoir un.
«Pourquoi?» a-t-il dit. J'ai répondu que je trouvais mon
affaire très simple. Il a souri en disant: «C'est un avis.
Pourtant, la loi est là. Si vous ne choisissez pas d'avocat,
nous en désignerons un d'office.»* J'ai trouvé qu'il était très
commode que la justice se chargeât de ces détails. Je le lui ai
dit. Il m'a approuvé et a conclu que la loi était bien faite.

Au début, je ne l'ai pas pris au sérieux. Il m'a reçu dans
une pièce tendue de rideaux, il avait sur son bureau une seule
lampe qui éclairait le fauteuil où il m'a fait asseoir pendant
que lui-même restait dans l'ombre. J'avais déjà lu une
description semblable dans des livres et tout cela m'a paru un
jeu.* Après notre conversation, au contraire, je l'ai regardé
et j'ai vu un homme aux traits fins, aux yeux bleus enfoncés,
grand, avec une longue moustache grise et d'abondants

cheveux presque blancs. Il m'a paru très raisonnable, et, somme toute, sympathique, malgré quelques tics nerveux qui lui tiraient la bouche. En sortant, j'allais même lui tendre la main, mais je me suis souvenu à temps que j'avais tué un homme.

Le lendemain, un avocat est venu me voir à la prison. Il était petit et rond, assez jeune, les cheveux soigneusement collés. Malgré la chaleur (j'étais en manches de chemise), il avait un costume sombre, un col cassé* et une cravate bizarre à grosses raies noires et blanches. Il a posé sur mon lit la serviette qu'il portait sous le bras, s'est présenté et m'a dit qu'il avait étudié mon dossier. Mon affaire était délicate, mais il ne doutait pas du succès, si je lui faisais confiance. Je l'ai remercié et il m'a dit: «Entrons dans le vif du sujet.»

Il s'est assis sur le lit et m'a expliqué qu'on avait pris des renseignements sur ma vie privée. On avait su que ma mère était morte récemment à l'asile. On avait alors fait une enquête à Marengo. Les instructeurs avaient appris que «j'avais fait preuve d'insensibilité» le jour de l'enterrement de maman. «Vous comprenez, m'a dit mon avocat, cela me gêne un peu de vous demander cela. Mais c'est très important. Et ce sera un gros argument pour l'accusation,* si je ne trouve rien à répondre.» Il voulait que je l'aide. Il m'a demandé si j'avais eu de la peine ce jour-là. Cette question m'a beaucoup étonné et il me semblait que j'aurais été très gêné si j'avais eu à la poser. J'ai répondu cependant que j'avais un peu perdu l'habitude de m'interroger* et qu'il m'était difficile de le renseigner. Sans doute, j'aimais bien maman, mais cela ne voulait rien dire. Tous les êtres sains avaient plus ou moins souhaité la mort de ceux qu'ils aimaient.* Ici, l'avocat m'a coupé et a paru très agité. Il m'a fait promettre de ne pas dire cela à l'audience, ni chez le magistrat instructeur. Cependant, je lui ai expliqué que j'avais une nature telle que mes besoins physiques dérangeaient souvent mes sentiments. Le jour où j'avais enterré maman, j'étais très fatigué, et j'avais sommeil. De sorte que je ne me suis pas rendu compte de ce qui se passait. Ce que je pouvais dire à coup sûr, c'est que j'aurais préféré que maman ne mourût pas. Mais mon avocat n'avait pas l'air content. Il m'a dit: «Ceci n'est pas assez.»

Il a réfléchi. Il m'a demandé s'il pouvait dire que ce jour-là j'avais dominé mes sentiments naturels. Je lui ai dit: «Non, parce que c'est faux.»* Il m'a regardé d'une façon bizarre, comme si je lui inspirais un peu de dégoût. Il m'a dit presque méchamment que dans tous les cas le directeur et le personnel de l'asile seraient entendus comme témoins et que «cela pouvait me jouer un très sale tour». Je lui ai fait remarquer que cette histoire n'avait pas de rapport avec mon affaire, mais il m'a répondu seulement qu'il était visible que je n'avais jamais eu de rapports avec la justice.

Il est parti avec un air fâché. J'aurais voulu le retenir, lui expliquer que je désirais sa sympathie, non pour être mieux défendu, mais, si je puis dire, naturellement. Surtout, je voyais que je le mettais mal à l'aise. Il ne me comprenait pas et il m'en voulait un peu. J'avais le désir de lui affirmer que j'étais comme tout le monde, absolument comme tout le monde.* Mais tout cela, au fond,* n'avait pas grande utilité et j'y ai renoncé par paresse.

Peu de temps après, j'étais conduit de nouveau devant le juge d'instruction. Il était deux heures de l'après-midi et cette fois, son bureau était plein d'une lumière à peine tamisée par un rideau de voile. Il faisait très chaud. Il m'a fait asseoir et, avec beaucoup de courtoisie, m'a déclaré que mon avocat, «par suite d'un contretemps», n'avait pu venir. Mais j'avais le droit de ne pas répondre à ses questions et d'attendre que mon avocat pût m'assister. J'ai dit que je pouvais répondre seul. Il a touché du doigt un bouton sur la table. Un jeune greffier est venu s'installer presque dans mon dos.

Nous nous sommes tous les deux carrés dans nos fauteuils. L'interrogatoire a commencé. Il m'a d'abord dit qu'on me dépeignait comme étant d'un caractère taciturne et renfermé et il a voulu savoir ce que j'en pensais. J'ai répondu: «C'est que je n'ai jamais grand-chose à dire. Alors je me tais.» Il a souri comme la première fois, a reconnu que c'était la meilleure des raisons et a ajouté: «D'ailleurs, cela n'a aucune importance.» Il s'est tu, m'a regardé et s'est redressé assez brusquement pour me dire très vite: «Ce qui m'intéresse, c'est vous.» Je n'ai pas bien compris ce qu'il entendait par là et je n'ai rien répondu. «Il y a des choses, a-t-il ajouté, qui m'échappent dans votre geste. Je suis sûr que vous allez m'aider à les comprendre.» J'ai dit que tout était très simple. Il m'a pressé du lui retracer ma journée. Je lui ai retracé ce que déjà je lui avais raconté: Raymond, la plage, le bain, la querelle, encore la plage, la petite source, le soleil et les cinq coups de revolver. A chaque phrase il disait: «Bien, bien.» Quand je suis arrivé au corps étendu, il a approuvé en disant: «Bon.» Moi, j'étais lassé de répéter ainsi la même histoire et il me semblait que je n'avais jamais autant parlé.

Après un silence, il s'est levé et m'a dit qu'il voulait m'aider, que je l'intéressais et qu'avec l'aide de Dieu, il ferait quelque chose pour moi. Mais auparavant, il voulait me poser encore quelques questions. Sans transition, il m'a demandé si j'aimais maman. J'ai dit: «Oui, comme tout le monde»* et le greffier, qui jusqu'ici tapait régulièrement sur sa machine, a dû se tromper de touches, car il s'est embarrassé et a été obligé de revenir en arrière. Toujours sans logique apparente, le juge m'a alors demandé si j'avais tiré les cinq coups de revolver à la suite. J'ai réfléchi et précisé que j'avais tiré une seule fois d'abord et, après quelques secondes, les quatre autres coups. «Pourquoi avez-vous attendu entre le premier et le second coup?» dit-il alors. Une fois de plus, j'ai revu la plage rouge et j'ai senti sur mon front la brûlure du soleil. Mais cette fois, je n'ai rien répondu. Pendant tout le silence qui a suivi le juge a eu l'air de s'agiter. Il s'est assis, a fourragé dans ses cheveux, a mis ses coudes sur son bureau et s'est penché un peu vers moi avec un air étrange: «Pourquoi, pourquoi avez-vous tiré sur un corps à terre?» Là encore, je n'ai pas su répondre. Le juge a passé ses mains sur son front et a répété sa question d'une voix un peu altérée: «Pourquoi? Il faut que vous me le disiez. Pourquoi?» Je me taisais toujours.

Brusquement, il s'est levé, a marché à grands pas vers une extrémité de son bureau et a ouvert un tiroir dans un classeur. Il en a tiré un crucifix d'argent qu'il a brandi en revenant vers moi. Et d'une voix toute changée, presque tremblante, il s'est écrié: «Est-ce que vous le connaissez, celui-là?» J'ai dit: «Oui, naturellement.» Alors il m'a dit très vite et d'une façon passionnée que lui croyait en Dieu, que sa conviction était qu'aucun homme n'était assez coupable pour que Dieu ne lui pardonnât pas, mais qu'il fallait pour cela que l'homme par son repentir devînt comme un enfant dont l'âme est vide et prête à tout accueillir. Il avait tout son corps penché sur la table. Il agitait son crucifix presque au-dessus de moi. A vrai dire, je l'avais très mal suivi dans son raisonnement, d'abord parce que j'avais chaud et qu'il y avait dans son cabinet de grosses mouches qui se posaient sur ma figure, et aussi parce qu'il me faisait un peu peur. Je reconnaissais en même temps que c'était ridicule parce que, après tout, c'était moi le criminel. Il a continué pourtant. J'ai à peu près compris qu'à son avis il n'y avait qu'un point d'obscur dans ma confession, le fait d'avoir attendu pour tirer mon second coup de revolver. Pour le reste, c'était très bien, mais cela, il ne le comprenait pas.

J'allais lui dire qu'il avait tort de s'obstiner: ce dernier point n'avait pas tellement d'importance. Mais il m'a coupé et m'a exhorté une dernière fois, dressé de toute sa hauteur, en me demandant si je croyais en Dieu. J'ai répondu que non. Il s'est assis avec indignation. Il m'a dit que c'était impossible, que tous les hommes croyaient en Dieu, même ceux qui se détournaient de son visage. C'était là sa conviction et, s'il devait jamais en douter, sa vie n'aurait plus de sens. «Voulez-vous, s'est-il exclamé, que ma vie n'ait pas de sens?» A mon avis, cela ne me regardait pas et je le lui ai dit. Mais à travers la table, il avançait déjà le Christ sous mes yeux et s'écriait d'une façon déraisonnable: «Moi, je suis chrétien. Je demande pardon de tes fautes à celui-là. Comment peux-tu ne pas croire qu'il a souffert pour toi?» J'ai bien remarqué qu'il me tutoyait, mais j'en avais assez. La chaleur se faisait de plus en plus grande. Comme toujours, quand j'ai envie de me débarrasser de quelqu'un que j'écoute à peine, j'ai eu l'air d'approuver. A ma surprise, il a triomphé. «Tu vois, tu vois, disait-il. N'est-ce pas que tu crois et que tu vas te confier à lui?» Évidemment, j'ai dit non une fois de plus. Il est retombé sur son fauteuil.*

Il avait l'air très fatigué. Il est resté un moment silencieux pendant que la machine, qui n'avait pas cessé de suivre le dialogue, en prolongeait encore les dernières phrases. Ensuite, il m'a regardé attentivement et avec un peu de tristesse. Il a murmuré: «Je n'ai jamais vu d'âme aussi endurcie que la vôtre. Les criminels qui sont venus devant moi ont toujours pleuré devant cette image de la douleur.» J'allais répondre que c'était justement parce qu'il s'agissait de criminels. Mais j'ai pensé que moi aussi j'étais comme eux. C'était une idée à quoi je ne pouvais pas me faire. Le juge s'est alors levé, comme s'il me signifiait que l'interrogatoire était terminé. Il m'a seulement demandé du même air un peu las si je regrettais mon acte. J'ai réfléchi et j'ai dit que, plutôt que du regret véritable, j'éprouvais un certain ennui. J'ai eu l'impression qu'il ne me comprenait pas. Mais ce jour-là les choses ne sont pas allées plus loin.

Par la suite j'ai souvent revu le juge d'instruction. Seulement, j'étais accompagné de mon avocat à chaque fois. On se bornait à me faire préciser certains points de mes déclarations précédentes. Ou bien encore le juge discutait les charges avec mon avocat. Mais en vérité ils ne s'occupaient jamais de moi à ces moments-là. Peu à peu en tout cas, le ton des interrogatoires a changé. Il semblait que le juge ne s'intéressât plus à moi et qu'il eût classé mon cas en quelque sorte. Il ne m'a plus parlé de Dieu et je ne l'ai jamais revu dans l'excitation de ce premier jour. Le résultat, c'est que nos entretiens sont devenus plus cordiaux. Quelques questions, un peu de conversation avec mon avocat, les interrogatoires étaient finis. Mon affaire suivait son cours, selon l'expression même du juge. Quelquefois aussi, quand la conversation était d'ordre général, on m'y mêlait. Je commençais à respirer. Personne, en ces heures-là, n'était méchant avec moi. Tout était si naturel, si bien réglé et si sobrement joué que j'avais l'impression ridicule de «faire partie de la famille». Et au bout des onze mois qu'a duré cette instruction, je peux dire que je m'étonnais presque de m'être jamais réjoui d'autre chose que de ces rares instants où le juge me reconduisait à la porte de son cabinet en me frappant sur l'épaule et en me disant d'un air cordial: «C'est fini pour aujourd'hui, monsieur l'Antéchrist.»* On me remettait alors entre les mains des gendarmes.

II

Il y a des choses dont je n'ai jamais aimé parler. Quand je suis entré en prison, j'ai compris au bout de quelques jours que je n'aimerais pas parler de cette partie de ma vie.

Plus tard, je n'ai plus trouvé d'importance à ces répugnances. En réalité, je n'étais pas réellement en prison les premiers jours: j'attendais vaguement quelque événement nouveau. C'est seulement après la première et la seule visite de Marie que tout a commencé. Du jour où j'ai reçu sa lettre (elle me disait qu'on ne lui permettait plus de venir parce qu'elle n'était pas ma femme), de ce jour-là, j'ai senti que j'étais chez moi dans ma cellule et que ma vie s'y arrêtait. Le jour de mon arrestation, on m'a d'abord enfermé dans une chambre où il y avait déjà plusieurs détenus, la plupart des Arabes.* Ils ont ri en me voyant. Puis ils m'ont demandé ce que j'avais fait. J'ai dit que j'avais tué un Arabe et ils sont restés silencieux. Mais un moment après, le soir est tombé. Ils m'ont expliqué comment il fallait arranger la natte où je devais coucher. En roulant une des extrémités, on pouvait en faire un traversin. Toute la nuit, des punaises ont couru sur mon visage. Quelques jours après, on m'a isolé dans une cellule où je couchais sur un bat-flanc de bois.* J'avais un baquet d'aisances et une cuvette de fer. La prison était tout en haut de la ville et, par une petite fenêtre, je pouvais voir la mer. C'est un jour que j'étais agrippé aux barreaux, mon visage tendu vers la lumière, qu'un gardien est entré et m'a dit que j'avais une visite. J'ai pensé que c'était Marie. C'était bien elle.

J'ai suivi pour aller au parloir un long corridor, puis un escalier et pour finir un autre couloir. Je suis entré dans une très grande salle éclairée par une vaste baie. La salle était séparée en trois parties par deux grandes grilles qui la coupaient dans sa longueur. Entre les deux grilles se trouvait un espace de huit à dix mètres qui séparait les visiteurs des prisonniers. J'ai aperçu Marie en face de moi avec sa robe à raies et son visage bruni. De mon côté, il y avait une dizaine de détenus, des Arabes pour la plupart. Marie était entourée de Mauresques et se trouvait entre deux visiteuses: une petite vieille aux lèvres serrées, habillée de noir, et une grosse femme en cheveux qui parlait très fort avec beaucoup de gestes. A cause de la distance entre les grilles, les visiteurs et les prisonniers étaient obligés de parler très haut. Quand je suis entré, le bruit des voix qui rebondissaient contre les grands murs nus de la salle, la lumière crue qui coulait du ciel sur les vitres et rejaillissait dans la salle, me causèrent une sorte d'étourdissement. Ma cellule était plus calme et plus sombre. Il m'a fallu quelques secondes pour m'adapter. Pourtant, j'ai fini par voir chaque visage avec netteté, détaché dans le plein jour. J'ai observé qu'un gardien se tenait assis à l'extrémité du couloir entre les deux grilles. La plupart des prisonniers arabes ainsi que leurs familles s'étaient accroupis en vis-à-vis. Ceux-là ne criaient pas. Malgré le tumulte, ils parvenaient à s'entendre en parlant très bas. Leur murmure sourd, parti de plus bas, formait comme une basse continue aux conversations qui s'entrecroisaient au-dessus de leurs têtes. Tout cela, je l'ai remarqué très vite en m'avançant vers Marie. Déjà collée contre la grille, elle me souriait de toutes ses forces. Je l'ai trouvée très belle, mais je n'ai pas su le lui dire.

«Alors? m'a-t-elle dit très haut. – Alors, voilà. – Tu es bien, tu as tout ce que tu veux? – Oui, tout.»

Nous nous sommes tus et Marie souriait toujours. La

grosse femme hurlait vers mon voisin, son mari sans doute, un grand type blond au regard franc. C'était la suite d'une conversation déjà commencée.

«Jeanne n'a pas voulu le prendre, criait-elle à tue-tête. – Oui, oui, disait l'homme. – Je lui ai dit que tu le reprendrais en sortant, mais elle n'a pas voulu le prendre.»

Marie a crié de son côté que Raymond me donnait le bonjour et j'ai dit: «Merci.» Mais ma voix a été couverte par mon voisin qui a demandé «s'il allait bien». Sa femme a ri en disant «qu'il ne s'était jamais mieux porté». Mon voisin de gauche, un petit jeune homme aux mains fines, ne disait rien. J'ai remarqué qu'il était en face de la petite vieille et que tous les deux se regardaient avec intensité. Mais je n'ai pas eu le temps de les observer plus longtemps parce que Marie m'a crié qu'il fallait espérer. J'ai dit: «Oui.» En même temps, je la regardais et j'avais envie de serrer son épaule par-dessus sa robe. J'avais envie de ce tissu fin et je ne savais pas très bien ce qu'il fallait espérer en dehors de lui.* Mais c'était bien sans doute ce que Marie voulait dire parce qu'elle souriait toujours. Je ne voyais plus que l'éclat de ses dents et les petits plis de ses yeux. Elle a crié de nouveau: «Tu sortiras et on se mariera!» J'ai répondu: «Tu crois?» mais c'était surtout pour dire quelque chose. Elle a dit alors très vite et toujours très haut que oui, que je serais acquitté et qu'on prendrait encore des bains. Mais l'autre femme hurlait de son côté et disait qu'elle avait laissé un panier au greffe.* Elle énumérait tout ce qu'elle y avait mis. Il fallait vérifier, car tout cela coûtait cher. Mon autre voisin et sa mère se regardaient toujours. Le murmure des Arabes continuait au-dessous de nous. Dehors la lumière a semblé se gonfler contre la baie.

Je me sentais un peu malade et j'aurais voulu partir. Le bruit me faisait mal. Mais d'un autre côté, je voulais pro- fiter encore de la présence de Marie. Je ne sais pas combien de temps a passé. Marie m'a parlé de son travail et elle souriait sans arrêt. Le murmure, les cris, les conversations croisaient. Le seul îlot de silence était à côté de moi dans ce petit jeune homme et cette vieille qui se regardaient. Peu à pcu, on a emmené les Arabes. Presque tout le monde s'est tu dès que le premier est sorti. La petite vieille s'est rapprochée des barreaux et, au même moment, un gardien a fait signe à son fils. Il a dit: «Au revoir, maman» et elle a passé sa main entre deux barreaux pour lui faire un petit signe lent et prolongé.

Elle est partie pendant qu'un homme entrait, le chapeau à la main, et prenait sa place. On a introduit un prisonnier et ils se sont parlé avec animation, mais à demi-voix, parce que la pièce était redevenue silencieuse. On est venu chercher mon voisin de droite et sa femme lui a dit sans baisser le ton comme si elle n'avait pas remarqué qu'il n'était plus nécessaire de crier: «Soigne-toi bien et fais attention.» Puis est venu mon tour. Marie a fait signe qu'elle m'embrassait. Je me suis retourné avant de disparaître. Elle était immobile, le visage écrasé contre la grille, avec le même sourire écartelé et crispé.*

C'est peu après qu'elle m'a écrit. Et c'est à partir de ce moment qu'ont commencé les choses dont je n'ai jamais aimé parler. De toute façon, il ne faut rien exagérer et cela m'a été plus facile qu'à d'autres. Au début de ma détention, pourtant, ce qui a été le plus dur, c'est que j'avais des pensées d'homme libre. Par exemple, l'envie me prenait d'être sur une plage et de descendre vers la mer. A imaginer le bruit des premières vagues sous la plante de mes pieds, l'entrée du corps dans l'eau et la délivrance que j'y trouvais, je sentais tout d'un coup combien les murs de ma prison étaient rapprochés. Mais cela dura quelques mois. Ensuite, je n'avais que des pensées de prisonnier. J'attendais la promenade quotidienne que je faisais dans la cour ou la visite de mon avocat. Je m'arrangeais très bien avec le reste de mon temps. J'ai souvent pensé alors que si l'on m'avait fait vivre dans un tronc d'arbre sec,* sans autre occupation que de regarder la fleur du ciel au-dessus de ma tête, je m'y serais peu à peu habitué. J'aurais attendu des passages d'oiseaux ou des rencontres de nuages comme j'attendais ici les curieuses cravates de mon avocat et comme, dans un autre

monde,* je patientais jusqu'au samedi pour étreindre le
corps de Marie. Or, à bien réfléchir, je n'étais pas dans un
arbre sec. Il y avait plus malheureux que moi. C'était
d'ailleurs une idée de maman, et elle le répétait souvent,
qu'on finissait par s'habituer à tout.

Du reste, je n'allais pas si loin d'ordinaire. Les premiers
mois ont été durs. Mais justement l'effort que j'ai dû faire
aidait à les passer. Par exemple, j'étais tourmenté par le
désir d'une femme. C'était naturel, j'étais jeune. Je ne
pensais jamais à Marie particulièrement. Mais je pensais
tellement à une femme, aux femmes, à toutes celles que
j'avais connues, à toutes les circonstances où je les avais
aimées, que ma cellule s'emplissait de tous les visages et se
peuplait de mes désirs. Dans un sens, cela me
déséquilibrait. Mais dans un autre, cela tuait le temps.
J'avais fini par gagner la sympathie du gardien-chef qui
accompagnait à l'heure des repas le garçon de cuisine. C'est
lui qui, d'abord, m'a parlé des femmes. Il m'a dit que c'était
la première chose dont se plaignaient les autres. Je lui ai dit
que j'étais comme eux et que je trouvais ce traitement
injuste. «Mais, a-t-il dit, c'est justement pour ça qu'on vous
met en prison. – Comment, pour ça? – Mais oui, la liberté,
c'est ça. On vous prive de la liberté.» Je n'avais jamais pensé à
cela. Je l'ai approuvé: «C'est vrai, lui ai-je dit, où serait la
punition? – Oui, vous comprenez les choses, vous. Les
autres non. Mais ils finissent par se soulager eux-mêmes.»*
Le gardien est parti ensuite.

Il y a eu aussi les cigarettes. Quand je suis entré en prison,
on m'a pris ma ceinture, mes cordons de souliers, ma cravate
et tout ce que je portais dans mes poches, mes cigarettes en
particulier. Une fois en cellule, j'ai demandé qu'on me les
rende. Mais on m'a dit que c'était défendu. Les premiers
jours ont été très durs. C'est peut-être cela qui m'a le plus
abattu. Je suçais des morceaux de bois que j'arrachais de la
planche de mon lit. Je promenais toute la journée une
nausée perpétuelle. Je ne comprenais pas pourquoi on me
privait de cela qui ne faisait de mal à personne. Plus tard, j'ai

compris que cela faisait partie aussi de la punition. Mais à ce moment-là, je m'étais habitué à ne plus fumer et cette punition n'en était plus une pour moi.

A part ces ennuis, je n'étais pas trop malheureux. Toute la question, encore une fois,* était de tuer le temps. J'ai fini par ne plus m'ennuyer du tout à partir de l'instant où j'ai appris à me souvenir. Je me mettais quelquefois à penser à ma chambre et, en imagination, je partais d'un coin pour y revenir en dénombrant mentalement tout ce qui se trouvait sur mon chemin. Au début, c'était vite fait. Mais chaque fois que je recommençais, c'était un peu plus long. Car je me souvenais de chaque meuble, et, pour chacun d'entre eux, de chaque objet qui s'y trouvait et, pour chaque objet, de tous les détails et pour les détails eux-mêmes, une incrustation, une fêlure ou un bord ébréché,* de leur couleur ou de leur grain. En même temps, j'essayais de ne pas perdre le fil de mon inventaire, de faire une énumération complète. Si bien qu'au bout de quelques semaines, je pouvais passer des heures, rien qu'à dénombrer ce qui se trouvait dans ma chambre. Ainsi, plus je réfléchissais et plus de choses méconnues et oubliées je sortais de ma mémoire. J'ai compris alors qu'un homme qui n'aurait vécu qu'un seul jour pourrait sans peine vivre cent ans dans une prison. Il aurait assez de souvenirs pour ne pas s'ennuyer. Dans un sens, c'était un avantage.

Il y avait aussi le sommeil. Au début, je dormais mal la nuit et pas du tout le jour. Peu à peu, mes nuits ont été meilleures et j'ai pu dormir aussi le jour. Je peux dire que, dans les derniers mois, je dormais de seize à dix-huit heures par jour. Il me restait alors six heures à tuer avec les repas, les besoins naturels, mes souvenirs et l'histoire du Tchécoslovaque.*

Entre ma paillasse et la planche du lit, j'avais trouvé, en effet, un vieux morceau de journal presque collé à l'étoffe, jauni et transparent. Il relatait un fait divers dont le début manquait, mais qui avait dû se passer en Tchécoslovaquie. Un homme était parti d'un village tchèque pour faire fortune. Au bout de vingt-cinq ans, riche, il était revenu avec une femme et un enfant. Sa mère tenait un hôtel avec sa sœur dans son village natal. Pour les surprendre, il avait laissé sa femme et son enfant dans un autre établissement, était allé chez sa mère qui ne l'avait pas reconnu quand il était entré. Par plaisanterie, il avait eu l'idée de prendre une chambre. Il avait montré son argent. Dans la nuit, sa mère et sa sœur l'avaient assassiné à coups de marteau pour le voler et avaient jeté son corps dans la rivière. Le matin, la femme était venue, avait révélé sans le savoir l'identité du voyageur. La mère s'était pendue. La sœur s'était jetée dans un puits. J'ai dû lire cette histoire des milliers de fois. D'un côté, elle était invraisemblable. D'un autre, elle était naturelle.* De toute façon, je trouvais que le voyageur l'avait un peu mérité et qu'il ne faut jamais jouer.

Ainsi, avec les heures de sommeil, les souvenirs, la lecture de mon fait divers et l'alternance de la lumière et de l'ombre, le temps a passé. J'avais bien lu qu'on finissait par perdre la notion du temps en prison. Mais cela n'avait pas beaucoup de sens pour moi. Je n'avais pas compris à quel point les jours pouvaient être à la fois longs et courts. Longs à vivre sans doute, mais tellement distendus qu'ils finissaient par déborder les uns sur les autres. Ils y perdaient leur nom. Les mots hier ou demain étaient les seuls qui gardaient un sens pour moi.

Lorsqu'un jour, le gardien m'a dit que j'étais là depuis cinq mois, je l'ai cru, mais je ne l'ai pas compris. Pour moi, c'était sans cesse le même jour qui déferlait dans ma cellule et la même tâche que je poursuivais. Ce jour-là, après le départ du gardien, je me suis regardé dans ma gamelle de fer. Il m'a semblé que mon image restait sérieuse alors même que j'essayais de lui sourire. Je l'ai agitée devant moi. J'ai souri et elle a gardé le même air sévère et triste. Le jour finissait et c'était l'heure dont je ne veux pas parler, l'heure sans nom, où les bruits du soir montaient de tous les étages de la prison dans un cortège de silence. Je me suis approché de la lucarne et, dans la dernière lumière, j'ai contemplé une fois de plus mon image. Elle était toujours sérieuse, et quoi d'étonnant puisque, à ce moment, je l'étais aussi? Mais en même temps et pour la première fois depuis des mois, j'ai entendu distinctement le son de ma voix. Je l'ai reconnue pour celle qui résonnait déjà depuis de longs jours à mes oreilles et j'ai compris que pendant tout ce temps j'avais parlé seul. Je me suis souvenu alors de ce que disait l'infirmière à l'enterrement de maman. Non, il n'y avait pas d'issue* et personne ne peut imaginer ce que sont les soirs dans les prisons.

III

Je peux dire qu'au fond l'été a très vite remplacé l'été. Je savais qu'avec la montée des premières chaleurs surviendrait quelque chose de nouveau pour moi. Mon affaire était inscrite à la dernière session de la cour d'assises* et cette session se terminerait avec le mois de juin. Les débats se sont ouverts avec, au-dehors, tout le plein du soleil. Mon avocat m'avait assuré qu'ils ne dureraient pas plus de deux ou trois jours. «D'ailleurs, avait-il ajouté, la cour sera pressée parce que votre affaire n'est pas la plus importante de la session. Il y a un parricide qui passera tout de suite après.»

A sept heures et demie du matin, on est venu me chercher et la voiture cellulaire m'a conduit au palais de justice. Les deux gendarmes m'ont fait entrer dans une petite pièce qui sentait l'ombre. Nous avons attendu, assis près d'une porte derrière laquelle on entendait des voix, des appels, des bruits de chaises et tout un remue-ménage qui m'a fait penser à ces fêtes de quartier* où, après le concert, on range la salle pour pouvoir danser. Les gendarmes m'ont dit qu'il fallait attendre la cour et l'un d'eux m'a offert une cigarette que j'ai refusée. Il m'a demandé peu après «si j'avais le trac».* J'ai répondu que non. Et même, dans un sens, cela m'intéressait de voir un procès. Je n'en avais jamais eu l'occasion dans ma vie: «Oui, a dit le second gendarme, mais cela finit par fatiguer.»

Après un peu de temps, une petite sonnerie a résonné dans la pièce. Ils m'ont alors ôté les menottes. Ils ont ouvert la porte et m'ont fait entrer dans le box des accusés. La salle était pleine à craquer. Malgré les stores, le soleil s'infiltrait par endroits et l'air était déjà étouffant. On avait laissé les vitres closes. Je me suis assis et les gendarmes m'ont encadré. C'est à ce moment que j'ai aperçu une rangée de visages devant moi. Tous me regardaient: j'ai compris que c'étaient les jurés. Mais je ne peux pas dire ce qui les distinguait les uns des autres. Je n'ai eu qu'une impression: j'étais devant une banquette de tramway et tous ces voyageurs anonymes épiaient le nouvel arrivant pour en apercevoir les ridicules. Je sais bien que cétait une idée niaise puisque ici ce n'était pas le ridicule qu'ils cherchaient, mais le crime. Cependant la différence n'est pas grande et c'est en tout cas l'idée qui m'est venue.*

J'étais un peu étourdi aussi par tout ce monde dans cette salle close. J'ai regardé encore le prétoire* et je n'ai distingué aucun visage. Je crois bien que d'abord je ne m'étais pas rendu compte que tout le monde se pressait pour me voir. D'habitude, les gens ne s'occupaient pas de ma personne. Il m'a fallu un effort pour comprendre que j'étais la cause de toute cette agitation. J'ai dit au gendarme: «Que de monde!» Il m'a répondu que c'était à cause des journaux et il m'a montré un groupe qui se tenait près d'une table sous le banc des jurés. Il m'a dit: «Les voilà.» J'ai demandé: «Qui?» et il a répété: «Les journaux.» Il connaissait l'un des journalistes qui l'a vu à ce moment et qui s'est dirigé vers nous. C'était un homme déjà âgé, sympathique, avec un visage un peu grimaçant. Il a serré la main du gendarme avec beaucoup de chaleur. J'ai remarqué à ce moment que tout le monde se rencontrait, s'interpellait et conversait, comme dans un club où l'on est heureux de se retrouver entre gens du même monde. Je me suis expliqué aussi la bizarre impression que j'avais d'être de trop, un peu comme un intrus. Pourtant, le journaliste s'est adressé à moi en souriant. Il m'a dit qu'il espérait que tout irait bien pour moi. Je l'ai remercié et il a ajouté: «Vous savez, nous avons monté un peu votre affaire. L'été, c'est la saison creuse pour les journaux. Et il n'y avait que votre histoire et celle du parricide qui vaillent quelque chose.» Il m'a montré ensuite, dans le groupe qu'il venait de quitter, un petit bonhomme qui ressemblait à une belette engraissée, avec d'énormes lunettes cerclées de noir. Il m'a dit que c'était l'envoyé spécial d'un journal de Paris: «Il n'est pas venu pour vous, d'ailleurs. Mais comme il est chargé de rendre compte du procès du parricide, on lui a demandé de câbler votre affaire en même temps.» Là encore, j'ai failli le remercier. Mais j'ai pensé que ce serait ridicule. Il m'a fait un petit signe cordial de la main et nous a quittés. Nous avons encore attendu quelques minutes.

Mon avocat est arrivé, en robe, entouré de beaucoup d'autres confrères. Il est allé vers les journalistes, a serré des mains. Ils ont plaisanté, ri et ils avaient l'air tout à fait à leur aise, jusqu'au moment où la sonnerie a retenti dans le prétoire.* Tout le monde a regagné sa place. Mon avocat est venu vers moi, m'a serré la main et m'a conseillé de répondre brièvement aux questions qu'on me poserait, de ne pas prendre d'initiatives et de me reposer sur lui pour le reste.

A ma gauche, j'ai entendu le bruit d'une chaise qu'on reculait et j'ai vu un grand homme mince, vêtu de rouge, portant lorgnon, qui s'asseyait en pliant sa robe avec soin. C'était le procureur.* Un huissier a annoncé la cour. Au même moment, deux gros ventilateurs ont commencé de vrombir. Trois juges,* deux en noir, le troisième en rouge, sont entrés avec des dossiers et ont marché très vite vers la tribune qui dominait la salle. L'homme en robe rouge s'est assis sur le fauteuil du milieu, a posé sa toque devant lui, essuyé son petit crâne chauve avec un mouchoir et déclaré que l'audience était ouverte.

Les journalistes tenaient déjà leur stylo en main. Ils avaient tous le même air indifférent et un peu narquois. Pourtant, l'un d'entre eux, beaucoup plus jeune, habillé en flanelle grise avec une cravate bleue, avait laissé son stylo devant lui et me regardait. Dans son visage un peu asymétrique, je ne voyais que ses deux yeux, très clairs, qui m'examinaient attentivement, sans rien exprimer qui fût définissable. Et j'ai eu l'impression bizarre d'être regardé par moi-même.* C'est peut-être pour cela, et aussi parce que je ne connaissais pas les usages du lieu, que je n'ai pas très bien compris tout ce qui s'est passé ensuite, le tirage au sort de jurés, les questions posées par le président à l'avocat, au procureur et au jury* (à chaque fois, toutes les têtes des jurés se retournaient en même temps vers la cour), une lecture rapide de l'acte d'accusation, où je reconnaissais des noms de lieux et de personnes, et de nouvelles questions à mon avocat.

Mais le président a dit qu'il allait faire procéder à l'appel des témoins. L'huissier a lu des noms qui ont attiré mon attention. Du sein de ce public tout à l'heure informe, j'ai vu se lever un à un, pour disparaître ensuite par une porte latérale, le directeur et le concierge de l'asile, le vieux Thomas Pérez, Raymond, Masson, Salamano, Marie. Celle-ci m'a fait un petit signe anxieux. Je m'étonnais encore de ne pas les avoir aperçus plus tôt, lorsque à l'appel de son nom, le dernier, Céleste, s'est levé. J'ai reconnu à côté du lui la petite bonne femme du restaurant, avec sa jaquette et son air précis et décidé. Elle me regardait avec intensité. Mais je n'ai pas eu le temps de réfléchir parce que le président a pris la parole. Il a dit que les véritables débats allaient commencer et qu'il croyait inutile de recommander au public d'être calme. Selon lui, il était là pour diriger avec impartialité les débats d'une affaire qu'il voulait considérer avec objectivité. La sentence rendue par le jury serait prise dans un esprit de justice et, dans tous les cas,* il ferait évacuer la salle au moindre incident.

La chaleur montait et je voyais dans la salle les assistants s'éventer avec des journaux. Cela faisait un petit bruit continu de papier froissé. Le président a fait un signe et l'huissier a apporté trois éventails de paille tressée que les trois juges ont utilisés immédiatement.

Mon interrogatoire a commencé aussitôt. Le président

m'a questionné avec calme et même, m'a-t-il semblé, avec une nuance de cordialité. On m'a encore fait décliner mon identité et malgré mon agacement, j'ai pensé qu'au fond c'était assez naturel, parce qu'il serait trop grave de juger un homme pour un autre. Puis le président a recommencé le récit de ce que j'avais fait, en s'adressant à moi toutes les trois phrases pour me demander: «Est-ce bien cela?» A chaque fois, j'ai répondu: «Oui, monsieur le Président», selon les instructions de mon avocat. Cela a été long parce que le président apportait beaucoup de minutie dans son récit. Pendant tout ce temps, les journalistes écrivaient. Je sentais les regards du plus jeune d'entre eux et de la petite automate. La banquette de tramway était tout entière tournée vers le président. Celui-ci a toussé, feuilleté son dossier et il s'est tourné vers moi en s'éventant.

Il m'a dit qu'il devait aborder maintenant des questions apparemment étrangères à mon affaire, mais qui peut-être la touchaient de fort près. J'ai compris qu'il allait encore parler de maman et j'ai senti en même temps combien cela m'ennuyait. Il m'a demandé pourquoi j'avais mis maman à l'asile. J'ai répondu que c'était parce que je manquais d'argent pour la faire garder et soigner. Il m'a demandé si cela m'avait coûté personnellement et j'ai répondu que ni maman ni moi n'attendions plus rien l'un de l'autre, ni d'ailleurs de personne,* et que nous nous étions habitués tous les deux à nos vies nouvelles. Le président a dit alors qu'il ne voulait pas insister sur ce point et il a demandé au procureur s'il ne voyait pas d'autre question à me poser.

Celui-ci me tournait à demi le dos et, sans me regarder, il a déclaré qu'avec l'autorisation du président il aimerait savoir si j'étais retourné vers la source tout seul avec l'intention de tuer l'Arabe. «Non», ai-je dit. «Alors, pourquoi était-il armé et pourquoi revenir vers cet endroit précisément?» J'ai dit que c'était le hasard. Et le procureur a noté avec un accent mauvais: «Ce sera tout pour le moment.» Tout ensuite a été un peu confus, du moins pour moi. Mais après quelques conciliabules, le président a déclaré que l'audience était levée et renvoyée à l'après-midi pour l'audition des témoins.

Je n'ai pas eu le temps de réfléchir. On m'a emmené, fait monter dans la voiture cellulaire et conduit à la prison où j'ai mangé. Au bout de très peu de temps, juste assez pour me rendre compte que j'étais fatigué, on est revenu me chercher; tout a recommencé et je me suis trouvé dans la même salle, devant les mêmes visages. Seulement la chaleur était beaucoup plus forte et comme par un miracle chacun des jurés, le procureur, mon avocat et quelques journalistes étaient munis aussi d'éventails de paille. Le jeune journaliste et la petite femme étaient toujours là. Mais ils ne s'éventaient pas et me regardaient encore sans rien dire.

J'ai essuyé la sueur qui couvrait mon visage et je n'ai repris un peu conscience du lieu et de moi-même que lorsque j'ai entendu appeler le directeur de l'asile. On lui a demandé si maman se plaignait de moi et il a dit que oui mais que c'était un peu la manie de ses pensionnaires de se plaindre de leurs proches. Le président lui a fait préciser si elle me reprochait de l'avoir mise à l'asile et le directeur a dit encore oui. Mais cette fois, il n'a rien ajouté. A une autre question, il a répondu qu'il avait été surpris de mon calme le jour de l'enterrement. On lui a demandé ce qu'il entendait par calme. Le directeur a regardé alors le bout de ses souliers et il a dit que je n'avais pas voulu voir maman, je n'avais pas pleuré une seule fois et j'étais parti aussitôt après l'enterrement sans me recueillir sur sa tombe. Une chose encore l'avait surpris: un employé des pompes funèbres lui avait dit que je ne savais pas l'âge de maman. Il y a eu un moment de silence et le président lui a demandé si c'était bien de moi qu'il avait parlé. Comme le directeur ne comprenait pas la question, il lui a dit: «C'est la loi.» Puis le président a demandé à l'avocat général s'il n'avait pas de question à poser au témoin et le procureur s'est écrié: «Oh! non, cela suffit», avec un tel éclat et un tel regard triomphant dans ma direction que, pour la première fois depuis bien des années, j'ai eu une envie stupide de pleurer parce que j'ai senti combien j'étais détesté par tous ces gens-là.

Après avoir demandé au jury et à mon avocat s'ils avaient des questions à poser, le président a entendu le concierge. Pour lui comme pour tous les autres, le même cérémonial s'est répété. En arrivant, le concierge m'a regardé et il a détourné les yeux. Il a répondu aux questions qu'on lui posait. Il a dit que je n'avais pas voulu voir maman, que j'avais fumé, que j'avais dormi et que j'avais pris du café au lait. J'ai senti alors quelque chose qui soulevait toute la salle et, pour la première fois,* j'ai compris que j'étais coupable. On a fait répéter au concierge l'histoire du café au lait et celle de la cigarette. L'avocat général m'a regardé avec une lueur ironique dans les yeux. A ce moment, mon avocat a demandé au concierge s'il n'avait pas fumé avec moi. Mais le procureur s'est élevé avec violence contre cette question: «Quel est le criminel ici et quelles sont ces méthodes qui consistent à salir les témoins de l'accusation pour minimiser des témoignages qui n'en demeurent pas moins écrasants!» Malgré tout, le président a demandé au concierge de répondre à la question. Le vieux a dit d'un air embarrassé: «Je sais bien que j'ai eu tort. Mais je n'ai pas osé refuser la cigarette que Monsieur m'a offerte.» En dernier lieu, on m'a demandé si je n'avais rien à ajouter. «Rien, ai-je répondu, seulement que le témoin a raison. Il est vrai que je lui ai offert une cigarette.» Le concierge m'a regardé alors avec un peu d'étonnement et une sorte de gratitude. Il a hésité, puis il a dit que c'était lui qui m'avait offert le café au lait. Mon avocat a triomphé bruyamment et a déclaré que les jurés apprécieraient. Mais le procureur a tonné au-dessus de nos têtes et il a dit: «Oui, MM. les jurés apprécieront. Et ils concluront qu'un étranger pouvait proposer du café, mais qu'un fils devait le refuser devant le corps de celle qui lui avait donné le jour.» Le concierge a regagné son banc.

Quand est venu le tour de Thomas Pérez, un huissier a dû le soutenir jusqu'à la barre. Pérez a dit qu'il avait surtout connu ma mère et qu'il ne m'avait vu qu'une fois, le jour de l'enterrement. On lui a demandé ce que j'avais fait ce jour-là et il a répondu: «Vous comprenez, moi-même j'avais trop de peine. Alors, je n'ai rien vu. C'était la peine qui m'empêchait de voir. Parce que c'était pour moi une très grosse peine. Et même, je me suis évanoui. Alors, je n'ai pas pu voir Monsieur.» L'avocat général lui a demandé si, du moins, il m'avait vu pleurer. Pérez a répondu que non. Le procureur a dit alors à son tour: «MM. les jurés apprécieront.»

Mais mon avocat s'est fâché. Il a demandé à Pérez, sur un ton qui m'a semblé exagéré, «s'il avait vu que je ne pleurais pas». Pérez a dit: «Non.» Le public a ri. Et mon avocat, en retroussant une de ses manches, a dit d'un ton péremptoire: «Voilà l'image de ce procès. Tout est vrai et rien n'est vrai!» Le procureur avait le visage fermé et piquait un crayon dans les titres de ses dossiers.

Après cinq minutes de suspension pendant lesquelles mon avocat m'a dit que tout allait pour le mieux, on a entendu Céleste qui était cité par la défense. La défense, c'était moi. Céleste jetait de temps en temps des regards de mon côté et roulait un panama entre ses mains. Il portait le costume neuf qu'il mettait pour venir avec moi, certains dimanches, aux courses de chevaux. Mais je crois qu'il n'avait pas pu mettre son col parce qu'il portait seulement un bouton de cuivre pour tenir sa chemise fermée. On lui a demandé si j'étais son client et il a dit: «Oui, mais c'était aussi un ami»; ce qu'il pensait de moi et il a répondu que j'étais un homme;* ce qu'il entendait par là et il a déclaré que tout le monde savait ce que cela voulait dire; s'il avait remarqué que j'étais renfermé et il a reconnu seulement que je ne parlais pas pour ne rien dire. L'avocat général lui a demandé si je payais régulièrement ma pension. Céleste a ri et il a déclaré: «C'étaient des détails entre nous.» On lui a demandé encore ce qu'il pensait de mon crime. Il a mis alors ses mains sur la barre et l'on voyait qu'il avait préparé quelque chose. Il a dit: «Pour moi, c'est un malheur. Un malheur, tout le monde sait ce que c'est. Ça vous laisse sans défense. Eh bien! pour moi c'est un malheur.» Il allait continuer, mais le président lui a dit que c'était bien et qu'on le remerciait. Alors Céleste est resté un peu interdit. Mais il a déclaré qu'il voulait encore parler. On lui a demandé d'être bref. Il a encore répété que c'était un malheur. Et le président lui a dit: «Oui, c'est entendu. Mais nous sommes là pour juger les malheurs de ce genre. Nous vous remercions.» Comme s'il était arrivé au bout de sa science et de sa bonne volonté, Céleste s'est alors retourné vers moi. Il m'a semblé que ses yeux brillaient et que ses lèvres tremblaient. Il avait l'air de me demander ce qu'il pouvait encore faire. Moi, je n'ai rien dit, je n'ai fait aucun geste, mais c'est la première fois de ma vie que j'ai eu envie d'embrasser un homme. Le président lui a encore enjoint de quitter la barre. Céleste est allé s'asseoir dans le prétoire. Pendant tout le reste de l'audience, il est resté là, un peu penché en avant, les coudes sur les genoux, le panama entre les mains, à écouter tout ce qui se disait. Marie est entrée. Elle avait mis un chapeau et elle était encore belle. Mais je l'aimais mieux avec ses cheveux libres. De l'endroit où j'étais, je devinais le poids léger de ses seins et je reconnaissais sa lèvre inférieure toujours un peu gonflée. Elle semblait très nerveuse. Tout de suite, on lui a demandé depuis quand elle me connaissait. Elle a indiqué l'époque où elle travaillait chez nous. Le président a voulu savoir quels étaient ses rapports avec moi. Elle a dit qu'elle était mon amie. A une autre question, elle a répondu qu'il était vrai qu'elle devait m'épouser. Le procureur qui feuilletait un dossier lui a demandé brusquement de quand datait notre liaison. Elle a indiqué la date. Le procureur a remarqué d'un air indifférent qu'il lui semblait que c'était le lendemain de la mort de maman.* Puis il a dit avec quelque ironie qu'il ne voudrait pas insister sur une situation délicate, qu'il comprenait bien les scrupules de Marie, mais (et ici son accent s'est fait plus dur) que son devoir lui commandait de s'élever au-dessus des convenances. Il a donc demandé à Marie de résumer cette journée où je l'avais connue. Marie ne voulait pas parler, mais devant l'insistance du procureur, elle a dit notre bain, notre sortie au cinéma et notre rentrée chez moi. L'avocat général a dit qu'à la suite des déclarations de Marie à l'instruction, il avait consulté les programmes de cette date. Il a ajouté que Marie elle-même dirait quel film on passait alors. D'une voix presque blanche, en effet, elle a indiqué que c'était un film de Fernandel. Le silence était complet dans la salle quand elle a eu fini. Le procureur s'est alors levé, très grave et d'une voix que j'ai trouvée vraiment émue, le doigt tendu vers moi, il a articulé lentement: «Messieurs les jurés, le lendemain de la mort de sa mère, cet homme prenait des bains, commençait une liaison irrégulière, et allait rire devant un film comique. Je n'ai rien de plus à vous dire.» Il s'est assis, toujours dans le silence. Mais, tout d'un coup, Marie a éclaté en sanglots, a dit que ce n'était pas cela, qu'il y avait autre chose, qu'on la forçait à dire le contraire de ce qu'elle pensait, qu'elle me connaissait bien et que je n'avais rien fait de mal. Mais l'huissier, sur un signe du président, l'a emmenée et l'audience s'est poursuivie.

C'est à peine si, ensuite, on a écouté Masson qui a déclaré que j'étais un honnête homme «et qu'il dirait plus, j'étais un brave homme». C'est à peine encore si on a écouté Salamano quand il a rappelé que j'avais été bon pour son chien et quand il a répondu à une question sur ma mère et sur moi en disant que je n'avais plus rien à dire à maman et que je l'avais mise pour cette raison à l'asile. «Il faut comprendre, disait Salamano, il faut comprendre.» Mais personne ne paraissait comprendre. On l'a emmené.

Puis est venu le tour de Raymond, qui était le dernier témoin. Raymond m'a fait un petit signe et a dit tout de suite que j'étais innocent. Mais le président a déclaré qu'on ne lui demandait pas des appréciations, mais des faits. Il l'a invité à attendre des questions pour répondre. On lui a fait préciser ses relations avec la victime. Raymond en a profité pour dire que c'était lui que cette dernière haïssait depuis qu'il avait giflé sa sœur. Le président lui a demandé cependant si la victime n'avait pas de raison de me haïr. Raymond a dit que ma présence à la plage était le résultat d'un hasard. Le procureur lui a demandé alors comment il se faisait que la lettre qui était à l'origine du drame avait été écrite par moi. Raymond a répondu que c'était un hasard. Le procureur a rétorqué que le hasard avait déjà beaucoup de méfaits sur la conscience dans cette histoire. Il a voulu savoir si c'était par hasard que je n'étais pas intervenu quand Raymond avait giflé sa maîtresse, par hasard que j'avais servi de témoin au commissariat, par hasard encore que mes déclarations lors de ce témoignage s'étaient révélées de pur complaisance. Pour finir, il a demandé à Raymond quels étaient ses moyens d'existence, et comme ce dernier répondait: «Magasinier», l'avocat général a déclaré aux jurés que de notoriété générale le témoin exerçait le métier de souteneur. J'étais son complice et son ami. Il s'agissait d'un drame crapuleux de la plus basse espèce, aggravé du fait qu'on avait affaire à un monstre moral. Raymond a voulu se défendre et mon avocat a protesté, mais on leur a dit qu'il fallait laisser terminer le procureur. Celui-ci a dit: «J'ai peu de chose à ajouter. Était-il votre ami?» a-t-il demandé à Raymond. «Oui, a dit celui-ci, c'était mon copain.» L'avocat général m'a posé alors la même question et j'ai regardé Raymond qui n'a pas détourné les yeux. J'ai répondu: «Oui.» Le procureur s'est alors retourné vers le jury et a déclaré: «Le même homme qui au lendemain de la mort de sa mère se livrait à la débauche la plus honteuse* a tué pour des raisons futiles et pour liquider une affaire de mœurs inqualifiable.»*

Il s'est assis alors. Mais mon avocat, à bout de patience, s'est écrié en levant les bras, de sorte que ses manches en retombant ont découvert les plis d'une chemise amidonnée: «Enfin, est-il accusé d'avoir enterré sa mère ou d'avoir tué un homme?» Le public a ri. Mais le procureur s'est redressé encore, s'est drapé dans sa robe et a déclaré qu'il fallait avoir l'ingénuité de l'honorable défenseur pour ne pas sentir qu'il y avait entre ces deux ordres de faits une relation profonde, pathétique, essentielle. «Oui, s'est-il écrié avec force, j'accuse cet homme d'avoir enterré une mère avec un cœur de criminel.» Cette déclaration a paru faire un effet considérable sur le public. Mon avocat a haussé les épaules et essuyé la sueur qui couvrait son front. Mais lui-même paraissait ébranlé et j'ai compris que les choses n'allaient pas bien pour moi.

L'audience a été levée. En sortant du palais de justice pour monter dans la voiture, j'ai reconnu un court instant l'odeur et la couleur du soir d'été. Dans l'obscurité de ma prison roulante, j'ai retrouvé un à un, comme du fond de ma fatigue, tous les bruits familiers d'une ville que j'aimais et d'une certaine heure où il m'arrivait de me sentir content. Le cri des vendeurs de journaux dans l'air déjà détendu, les derniers oiseaux dans le square, l'appel des marchands de sandwiches, la plainte des tramways dans les hauts tournants de la ville et cette rumeur du ciel avant que la nuit bascule sur le port, tout cela recomposait pour moi un itinéraire d'aveugle, que je connaissais bien avant d'entrer en prison. Oui, c'était l'heure où, il y avait bien longtemps, je me sentais content. Ce qui m'attendait alors, c'était toujours un sommeil léger et sans rêves. Et pourtant quelque chose était changé puisque, avec l'attente du lendemain, c'est ma cellule que j'ai retrouvée. Comme si les chemins familiers tracés dans les ciels d'été pouvaient mener aussi bien aux prisons qu'aux sommeils innocents.*

IV

Même sur un banc d'accusé, il est toujours intéressant d'entendre parler de soi. Pendant les plaidoiries du procureur et de mon avocat, je peux dire qu'on a beaucoup parlé de moi et peut-être plus de moi que de mon crime.* Étaient-elles si différentes, d'ailleurs, ces plaidoiries? L'avocat levait les bras* et plaidait coupable, mais avec excuses. Le procureur tendait ses mains et dénonçait la culpabilité, mais sans excuses. Une chose pourtant me gênait vaguement. Malgré mes préoccupations, j'étais parfois tenté d'intervenir et mon avocat me disait alors: «Taisez-vous, cela vaut mieux pour votre affaire.» En quelque sorte, on avait l'air de traiter cette affaire en dehors de moi. Tout se déroulait sans mon intervention. Mon sort se réglait sans qu'on prenne mon avis. De temps en temps, j'avais envie d'interrompre tout le monde et de dire: «Mais tout de même, qui est l'accusé? C'est important d'être l'accusé. Et j'ai quelque chose à dire. Mais réflexion faite, je n'avais rien à dire. D'ailleurs, je dois reconnaître que l'intérêt qu'on trouve à occuper les gens ne dure pas longtemps. Par exemple, la plaidoirie du procureur m'a très vite lassé. Ce sont seulement des fragments, des gestes ou des tirades entières, mais détachées de l'ensemble, qui m'ont frappé ou ont éveillé mon intérêt.

Le fond de sa pensée, si j'ai bien compris, c'est que j'avais prémédité mon crime. Du moins, il a essayé de le démontrer. Comme il le disait lui-même: «J'en ferai la preuve, messieurs, et je la ferai doublement. Sous l'aveuglante clarté des faits d'abord et ensuit dans l'éclairage sombre que me fournira la psychologie de cette âme criminelle.» Il a résumé les faits à partir de la mort de maman. Il a rappelé mon insensibilité, l'ignorance où j'étais de l'âge de maman, mon bain du lendemain, avec une femme, le cinéma, Fernandel et enfin la rentrée avec Marie. J'ai mis du temps à le comprendre, à ce moment, parce qu'il disait «sa maîtresse»* et pour moi, elle était Marie. Ensuite, il en est venu à l'histoire de Raymond. J'ai trouvé que sa façon de voir les événements ne manquait pas de clarté. Ce qu'il disait était plausible. J'avais écrit la lettre d'accord avec Raymond pour attirer sa maîtresse et la livrer aux mauvais traitements d'un homme «de moralité douteuse». J'avais provoqué sur la plage les adversaires de Raymond. Celui-ci avait été blessé. Je lui avais demandé son revolver. J'étais revenu seul pour m'en servir. J'avais abattu l'Arabe comme je le projetais. J'avais attendu. Et «pour être sûr que la besogne était bien faite», j'avais tiré encore quatre balles, posément, à coup sûr, d'une façon réfléchie en quelque sorte.

«Et voilà, messieurs, a dit l'avocat général. J'ai retracé devant vous le fil d'événements qui a conduit cet homme à tuer en pleine connaissance de cause. J'insiste là-dessus, a-t-il dit. Car il ne s'agit pas d'un assassinat ordinaire, d'un acte irréfléchi que vous pourriez estimer atténué par les circonstances. Cet homme, messieurs, cet homme est intelligent. Vous l'avez entendu, n'est-ce pas? Il sait répondre. Il connaît la valeur des mots. Et l'on ne peut pas dire qu'il a agi sans se rendre compte de ce qu'il faisait.»

Moi j'écoutais et j'entendais qu'on me jugeait intelligent. Mais je ne comprenais pas bien comment les qualités d'un homme ordinaire pouvaient devenir des charges écrasantes contre un coupable. Du moins, c'était cela qui me frappait et je n'ai plus écouté le procureur jusqu'au moment où je l'ai entendu dire: «A-t-il seulement exprimé des regrets? Jamais, messieurs. Pas une seule fois au cours de l'instruction cet homme n'a paru ému de son abominable forfait.» A ce moment, il s'est tourné vers moi et m'a désigné du doigt en continuant à m'accabler sans qu'en réalité je comprenne bien pourquoi. Sans doute, je ne pouvais pas m'empêcher de reconnaître qu'il avait raison. Je ne regrettais pas beaucoup mon acte.* Mais tant d'acharnement m'étonnait. J'aurais voulu essayer de lui expliquer cordialement, presque avec affection, que je n'avais jamais pu regretter vraiment quelque chose. J'étais toujours pris par ce qui allait arriver, par aujourd'hui ou par demain. Mais naturellement, dans l'état où l'on m'avait mis, je ne pouvais parler à personne sur ce ton. Je n'avais pas le droit de me montrer affectueux, d'avoir de la bonne volonté. Et j'ai essayé d'écouter encore parce que le procureur s'est mis à parler de mon âme.

Il disait qu'il s'était penché sur elle et qu'il n'avait rien trouvé, messieurs les jurés. Il disait qu'à la vérité, je n'en avais point, d'âme, et que rien d'humain, et pas un des principes moraux qui gardent le cœur des hommes ne m'était accessible. «Sans doute, ajoutait-il, nous ne saurions le lui reprocher. Ce qu'il ne saurait acquérir, nous ne pouvons nous plaindre qu'il en manque. Mais quand il s'agit de cette cour, la vertu toute négative de la tolérance doit se muer en celle, moins facile, mais plus élevée, de la justice. Surtout lorsque le vide du cœur tel qu'on le découvre chez cet homme devient un gouffre où la société peut succomber.»* C'est alors qu'il a parlé de mon attitude envers maman. Il a répété ce qu'il avait dit pendant les débats. Mais il a été beaucoup plus long que lorsqu'il parlait de mon crime, si long même que, finalement, je n'ai plus senti que la chaleur de cette matinée. Jusqu'au moment, du moins, où l'avocat général s'est arrêté et, après un moment de silence, a repris d'une voix très basse et très pénétrée: «Cette même cour, messieurs, va juger demain le plus abominable des forfaits: le meurtre d'un père.» Selon lui, l'imagination reculait devant cet atroce attentat. Il osait espérer que la justice des hommes punirait sans faiblesse. Mais, il ne craignait pas de le dire, l'horreur que lui inspirait ce crime le cédait presque à celle qu'il ressentait devant mon insensibilité. Toujours selon lui, un homme qui tuait moralement sa mère se retranchait de la société des hommes au même titre que celui qui portait une main meurtrière sur l'auteur de ses jours. Dans tous les cas, le premier préparait les actes du second, il les annonçait en quelque sorte et il les légitimait. «J'en suis persuadé, messieurs, a-t-il ajouté en élevant la voix, vous ne trouverez pas ma pensée trop audacieuse, si je dis que l'homme qui est assis sur ce banc est coupable aussi du meurtre que cette cour devra juger demain. Il doit être puni en conséquence.» Ici, le procureur a essuyé son visage brillant de sueur. Il a dit enfin que son devoir était douloureux, mais qu'il l'accomplirait fermement. Il a déclaré que je n'avais rien à faire avec une société dont je méconnaissais les règles les plus essentielles et que je ne pouvais pas en appeler à ce cœur humain dont j'ignorais les réactions élémentaires. «Je vous demande la tête de cet homme, a-t-il dit, et c'est le cœur léger que je vous la demande. Car s'il m'est arrivé au cours de ma déjà longue carrière de réclamer des peines capitales, jamais autant qu'aujourd'hui, je n'ai senti ce pénible devoir compensé, balancé, éclairé par la conscience d'un commandement impérieux et sacré et par l'horreur que je ressens devant un visage d'homme où je ne lis rien que de monstrueux.»

Quand le procureur s'est rassis, il y a eu un moment de silence assez long. Moi, j'étais étourdi de chaleur et d'étonnement. Le président a toussé un peu et sur un ton très bas, il m'a demandé si je n'avais rien à ajouter. Je me suis levé et comme j'avais envie de parler, j'ai dit, un peu au hasard d'ailleurs, que je n'avais pas eu l'intention de tuer l'Arabe. Le président a répondu que c'était une affirmation, que jusqu'ici il saisissait mal mon système de défense et qu'il serait heureux, avant d'entendre mon avocat, de me faire préciser les motifs qui avaient inspiré mon acte. J'ai dit rapidement, en mêlant un peu les mots et en me rendant compte de mon ridicule, que c'était à cause du soleil. Il y a eu des rires dans la salle. Mon avocat a haussé les épaules et tout de suite après, on lui a donné la parole. Mais il a déclaré qu'il était tard, qu'il en avait pour plusieurs heures et qu'il demandait le renvoi à l'après-midi. La cour y a consenti.

L'après-midi, les grands ventilateurs brassaient toujours l'air épais de la salle, et les petits éventails multicolores des jurés s'agitaient tous dans le même sens. La plaidoirie de mon avocat me semblait ne devoir jamais finir. A un moment donné, cependent, je l'ai écouté parce qu'il disait: «Il est vrai que j'ai tué.» Puis il a continué sur ce ton, disant «je» chaque fois qu'il parlait de moi. J'étais très étonné. Je me suis penché vers un gendarme et je lui ai demandé pourquoi. Il m'a dit de me taire et, après un moment, il a ajouté: «Tous les avocats font ça.» Moi, j'ai pensé que c'était m'écarter encore de l'affaire, me réduire à zéro et, en un certain sens, se substituer à moi. Mais je crois que j'étais déjà très loin de cette salle d'audience. D'ailleurs, mon avocat m'a semblé ridicule. Il a plaidé la provocation très rapidement et puis lui aussi a parlé de mon âme.* Mais il m'a paru qu'il avait beaucoup moins de talent que le procureur. «Moi aussi, a-t-il dit, je me suis penché sur cette âme, mais, contrairement à l'éminent représentant du ministère public, j'ai trouvé quelque chose et je puis dire que j'y ai lu à livre ouvert.» Il y avait lu que j'étais un honnête homme, un travailleur régulier, infatigable, fidèle à la maison qui l'employait, aimé de tous et compatissant aux misères d'autrui. Pour lui, j'étais un fils modèle qui avait soutenu sa mère aussi longtemps qu'il l'avait pu. Finalement j'avais espéré qu'une maison de retraite donnerait à la vieille femme le confort que mes moyens ne me permettaient pas de lui procurer. «Je m'étonne, messieurs, a-t-il ajouté, qu'on ait mené si grand bruit autour de cet asile. Car enfin, s'il fallait donner une preuve de l'utilité et de la grandeur de ces institutions, il faudrait bien dire que c'est l'État lui-même qui les subventionne.» Seulement, il n'a pas parlé de l'enterrement et j'ai senti que cela manquait dans sa plaidoirie. Mais à cause de toutes ces longues phrases, de toutes ces journées et ces heures interminables pendant lesquelles on avait parlé de mon âme, j'ai eu l'impression que tout devenait comme une eau incolore où je trouvais le vertige.

A la fin, je me souviens seulement que, de la rue et à travers tout l'espace des salles et des prétoires, pendant que mon avocat continuait à parler, la trompette d'un marchand de glace a résonné jusqu'à moi. J'ai été assailli des souvenirs d'une vie qui ne m'appartenait plus, mais où j'avais trouvé les plus pauvres et les plus tenaces de mes joies: des odeurs d'été, le quartier que j'aimais, un certain ciel du soir, le rire et les robes de Marie. Tout ce que je faisais d'inutile en ce lieu m'est alors remonté à la gorge, et je n'ai eu qu'une hâte, c'est qu'on en finisse et que je retrouve ma cellule avec le sommeil. C'est à peine si j'ai entendu mon avocat s'écrier, pour finir, que les jurés ne voudraient pas envoyer à la mort un travailleur honnête perdu par une minute d'égarement, et demander les circonstances atténuantes pour un crime dont je traînais déjà, comme le plus sûr de mes châtiments, le remords éternel. La cour a suspendu l'audience et l'avocat s'est assis d'un air épuisé. Mais ses collègues sont venus vers lui pour lui serrer la main. J'ai entendu: «Magnifique, mon cher.» L'un d'eux m'a même pris à témoin: «Hein?» m'a-t-il dit. J'ai acquiescé, mais mon compliment n'était pas sincère, parce que j'étais trop fatigué.

Pourtant, l'heure déclinait au-dehors et la chaleur était moins forte. Aux quelques bruits de rue que j'entendais, je devinais la douceur du soir. Nous étions là, tous, à attendre. Et ce qu'ensemble nous attendions ne concernait que moi. J'ai encore regardé la salle. Tout était dans le même état que le premier jour. J'ai rencontré le regard du journaliste à la veste grise et de la femme automate. Cela m'a donné à penser que je n'avais pas cherché Marie du regard pendant tout le procès. Je ne l'avais pas oubliée, mais j'avais trop à faire. Je l'ai vue entre Céleste et Raymond. Elle m'a fait un petit signe comme si elle disait: «Enfin», et j'ai vu son visage un peu anxieux qui souriait. Mais je sentais mon cœur fermé et je n'ai même pas pu répondre à son sourire.

La cour est revenue. Très vite, on a lu aux jurés une série de questions. J'ai entendu «coupable de meurtre» . . . «préméditation» . . . «circonstances atténuantes». Les jurés sont sortis et l'on m'a emmené dans la petite pièce où j'avais déjà attendu. Mon avocat est venu me rejoindre: il était très volubile et m'a parlé avec plus de confiance et de cordialité qu'il ne l'avait jamais fait. Il pensait que tout irait bien et que je m'en tirerais avec quelques années de prison ou de bagne. Je lui ai demandé s'il y avait des chances de cassation en cas de jugement défavorable. Il m'a dit que non. Sa tactique avait été de ne pas déposer de conclusions pour ne pas indisposer le jury.* Il m'a expliqué qu'on ne cassait pas un jugement, comme cela, pour rien. Cela m'a paru évident et je me suis rendu à ses raisons. A considérer froidement la chose, c'était tout à fait naturel. Dans le cas contraire, il y aurait trop de paperasses inutiles. «De toute façon, m'a dit mon avocat, il y a le pourvoi. Mais je suis persuadé que l'issue sera favorable.»

Nous avons attendu très longtemps, près de trois quarts d'heure, je crois. Au bout de ce temps, une sonnerie a retenti. Mon avocat m'a quitté en disant: «Le président du jury va lire les réponses.* On ne vous fera entrer que pour l'énoncé du jugement.» Des portes ont claqué. Des gens couraient dans des escaliers dont je ne savais pas s'ils étaient proches ou éloignés. Puis j'ai entendu une voix sourde lire quelque chose dans la salle. Quand la sonnerie a encore retenti, que la porte du box s'est ouverte, c'est le silence de la salle qui est monté vers moi, le silence, et cette singulière sensation que j'ai eue lorsque j'ai constaté que le jeune journaliste avait détourné ses yeux. Je n'ai pas regardé du côté de Marie. Je n'en ai pas eu le temps parce que le président m'a dit dans une forme bizarre que j'aurais la tête tranchée sur une place publique au nom du peuple français.* Il m'a semblé alors reconnaître le sentiment que je lisais sur tous les visages. Je crois bien que c'était de la considération. Les gendarmes étaient très doux avec moi. L'avocat a posé sa main sur mon poignet. Je ne pensais plus à rien. Mais le président m'a demandé si je n'avais rien à ajouter. J'ai réfléchi. J'ai dit: «Non.» C'est alors qu'on m'a emmené.

V

Pour la troisième fois, j'ai refusé de recevoir l'aumônier. Je n'ai rien à lui dire, je n'ai pas envie de parler, je le verrai bien assez tôt.* Ce qui m'intéresse en ce moment, c'est d'échapper à la mécanique, de savoir si l'inévitable peut avoir une issue.* On m'a changé de cellule. De celle-ci, lorsque je suis allongé, je vois le ciel et je ne vois que lui. Toutes mes journées se passent à regarder sur son visage le déclin des couleurs qui conduit le jour à la nuit. Couché, je passe les mains sous ma tête et j'attends. Je ne sais combien de fois je me suis demandé s'il y avait des exemples de condamnés à mort qui eussent échappé au mécanisme implacable, disparu avant l'exécution, rompu les cordons d'agents. Je me reprochais alors de n'avoir pas prêté assez d'attention aux récits d'exécution.* On devrait toujours s'intéresser à ces questions. On ne sait jamais ce qui peut arriver. Comme tout le monde, j'avais lu des comptes rendus dans les journaux. Mais il y avait certainement des ouvrages spéciaux que je n'avais jamais eu la curiosité de consulter. Là, peut-être, j'aurais trouvé des récits d'évasion. J'aurais appris que dans un cas au moins la roue s'était arrêtée, que dans cette préméditation irrésistible,* le hasard et la chance, une fois seulement, avaient changé quelque chose. Une fois! Dans un sens, je crois que cela m'aurait suffi. Mon cœur aurait fait le reste. Les journaux* parlaient souvent d'une dette qui était due à la société. Il fallait, selon eux, la payer. Mais cela ne parle pas à l'imagination. Ce qui comptait, c'était une possibilité d'évasion, un saut hors du rite implacable,* une course à la folie qui offrît toutes les chances de l'espoir. Naturellement, l'espoir, c'était d'être abattu au coin d'une rue, en pleine course, et d'une balle à la volée. Mais tout bien considéré, rien ne me permettait ce luxe, tout me l'interdisait, la mécanique me reprenait.

Malgré ma bonne volonté, je ne pouvais pas accepter cette certitude insolente. Car enfin, il y avait une disproportion ridicule* entre le jugement qui l'avait fondée et son déroulement imperturbable à partir du moment où ce jugement avait été prononcé. Le fait que la sentence avait été lue à vingt heures plutôt qu'à dix-sept, le fait qu'elle aurait pu être tout autre, qu'elle avait été prise par des hommes qui changent de linge, qu'elle avait été portée au crédit d'une notion aussi imprécise que le peuple français (ou allemand, ou chinois), il me semblait bien que tout cela enlevait beaucoup de sérieux à une telle décision. Pourtant, j'étais obligé de reconnaître que dès la seconde où elle avait été prise, ses effets devenaient aussi certains, aussi sérieux, que la présence de ce mur tout le long duquel j'écrasais mon corps.

Je me suis souvenu dans ces moments d'une histoire que maman me racontait à propos de mon père. Je ne l'avais pas connu.* Tout ce que je connaissais de précis sur cet homme, c'était peut-être ce que m'en disait alors maman: il était allé voir exécuter un assassin. Il était malade à l'idée d'y aller. Il l'avait fait cependant et au retour il avait vomi une partie de la matinée. Mon père me dégoûtait un peu alors. Maintenant je comprenais, c'était si naturel. Comment n'avais-je pas vu que rien n'était plus important qu'une exécution capitale et que, en somme, c'était la seule chose vraiment intéressante pour un homme!* Si jamais je sortais de cette prison, j'irais voir toutes les exécutions capitales. J'avais tort, je crois, de penser à cette possibilité. Car à l'idée de me voir libre par un petit matin derrière un cordon d'agents, de l'autre côté en quelque sorte, à l'idée d'être le spectateur qui vient voir et qui pourra vomir après, un flot de joie empoisonnée me montait au cœur. Mais ce n'était pas raisonnable. J'avais tort de me laisser aller à ces suppositions parce que, l'instant d'après, j'avais si affreusement froid que je me recroquevillais sous ma couverture. Je claquais des dents sans pouvoir me retenir.

Mais, naturellement, on ne peut pas être toujours raisonnable. D'autres fois, par exemple, je faisais des projets de loi. Je réformais les pénalités.* J'avais remarqué que l'essentiel était de donner une chance au condamné. Une seule sur mille, cela suffisait pour arranger bien des choses. Ainsi, il me semblait qu'on pouvait trouver une combinaison chimique dont l'absorption tuerait le patient* (je pensais: le patient) neuf fois sur dix. Lui le saurait, c'était la condition. Car en réfléchissant bien, en considérant les choses avec calme, je constatais que ce qui était défectueux avec le couperet, c'est qu'il n'y avait aucune chance, absolument aucune. Une fois pour toutes, en somme, la mort du patient avait été décidée. C'était une affaire classée, une combinaison bien arrêtée, un accord entendu et sur lequel il n'était pas question de revenir. Si le coup ratait, par extraordinaire, on recommençait. Par suite, ce qu'il y avait d'ennuyeux, c'est qu'il fallait que le condamné souhaitât le bon fonctionnement de la machine. Je dis que c'est le côté défectueux. Cela est vrai, dans un sens. Mais, dans un autre sens, j'étais obligé de reconnaître que tout le secret d'une bonne organisation était là. En somme, le condamné était obligé de collaborer moralement.* C'était son intérêt que tout marchât sans accroc.

J'étais obligé de constater aussi que jusqu'ici j'avais eu sur ces questions des idées qui n'étaient pas justes. J'ai cru longtemps – et je ne sais pas pourquoi – que pour aller à la guillotine, il fallait monter sur un échafaud, gravir des marches. Je crois que c'était à cause de la Révolution de 1789, je veux dire à cause de tout ce qu'on m'avait appris ou fait voir sur ces questions. Mais un matin, je me suis souvenu d'une photographie publiée par les journaux à l'occasion d'une exécution retentissante.* En réalité, la machine était posée à même le sol, le plus simplement du monde. Elle était beaucoup plus étroite que je ne le pensais. C'était assez drôle que je ne m'en fusse pas avisé plus tôt. Cette machine sur le cliché m'avait frappé par son aspect d'ouvrage de précision, fini et étincelant. On se fait toujours des idées exagérées de ce qu'on ne connaît pas. Je devais constater au contraire que tout était simple: la machine est au même niveau que l'homme qui marche vers elle. Il la rejoint comme on marche à la rencontre d'une personne. Cela aussi était ennuyeux. La montée vers l'échafaud, l'ascension en plein ciel, l'imagination pouvait s'y raccrocher. Tandis que, là encore, la mécanique écrasait tout: on était tué discrètement, avec un peu de honte et beaucoup de précision.*

Il y avait aussi deux choses à quoi je réfléchissais tout le temps: l'aube et mon pourvoi. Je me raisonnais cependant et j'essayais de n'y plus penser. Je m'étendais, je regardais le ciel, je m'efforçais de m'y intéresser. Il devenait vert, c'était le soir. Je faisais encore un effort pour détourner le cours de mes pensées. J'écoutais mon cœur. Je ne pouvais imaginer que ce bruit qui m'accompagnait depuis si longtemps pût jamais cesser. Je n'ai jamais eu de véritable imagination. J'essayais pourtant de me représenter une certaine seconde où le battement de ce cœur ne se prolongerait plus dans ma tête. Mais en vain. L'aube ou mon pourvoi étaient là. Je finissais par me dire que le plus raisonnable était de ne pas me contraindre.

C'est à l'aube qu'ils venaient, je le savais. En somme, j'ai occupé mes nuits à attendre cette aube. Je n'ai jamais aimé être surpris. Quand il m'arrive quelque chose, je préfère être là. C'est pourquoi j'ai fini par ne plus dormir qu'un peu dans mes journées et, tout le long de mes nuits, j'ai attendu patiemment que la lumière naisse sur la vitre du ciel. Le plus difficile, c'était l'heure douteuse où je savais qu'ils opéraient* d'habitude. Passé minuit, j'attendais et je guettais. Jamais mon oreille n'avait perçu tant de bruits, distingué de sons si ténus. Je peux dire, d'ailleurs, que d'une certaine façon j'ai eu de la chance pendant toute cette période, puisque je n'ai jamais entendu de pas. Maman disait souvent qu'on n'est jamais tout à fait malheureux. Je l'approuvais dans ma prison, quand le ciel se colorait et qu'un nouveau jour glissait dans me cellule. Parce qu'aussi bien, j'aurais pu entendre des pas et mon cœur aurait pu éclater. Même si le moindre glissement me jetait à la porte, même si, l'oreille collée au bois, j'attendais éperdument jusqu'à ce que j'entende ma propre respiration, effrayé de la trouver rauque et si pareille au râle d'un chien, au bout du compte, mon cœur n'éclatait pas et j'avais encore gagné vingt-quatre heures.

Pendant tout le jour, il y avait mon pourvoi. Je crois que j'ai tiré le meilleur parti de cette idée. Je calculais mes effets et j'obtenais de mes réflexions le meilleur rendement. Je prenais toujours la plus mauvaise supposition: mon pourvoi était rejeté. «En bien, je mourrai donc.» Plus tôt que d'autres, c'était évident. Mais tout le monde sait que la vie ne vaut pas la peine d'être vécue. Dans le fond, je n'ignorais pas que mourir à trente ans ou à soixante-dix ans importe peu puisque, naturellement, dans les deux cas, d'autres hommes et d'autres femmes vivront, et cela pendant des milliers d'années. Rien n'était plus clair, en somme. C'était toujours moi qui mourrais, que ce soit maintenant ou dans vingt ans. A ce moment, ce qui me gênait un peu dans mon raisonnement, c'était ce bond terrible que je sentais en moi à la pensée de vingt ans de vie à venir. Mais je n'avais qu'à l'étouffer en imaginant ce que seraient mes pensées dans vingt ans quand il me faudrait quand même en venir là. Du moment qu'on meurt, comment et quand, cela n'importe pas, c'était évident.* Donc (et le difficile c'était de ne pas perdre de vue tout ce que ce «donc» représentait de raisonnements), donc, je devais accepter le rejet de mon pourvoi.

A ce moment, à ce moment seulement, j'avais pour ainsi dire le droit, je me donnais en quelque sorte la permission d'aborder la deuxième hypothèse: j'étais gracié.* L'ennuyeux, c'est qu'il fallait rendre moins fougueux cet élan du sang et du corps qui me piquait les yeux d'une joie insensée. Il fallait que je m'applique à réduire ce cri, à le raisonner. Il fallait que je sois naturel même dans cette hypothèse, pour rendre plus plausible ma résignation dans la première. Quand j'avais réussi, j'avais gagné une heure de calme. Cela, tout de même, était à considérer.

C'est à un semblable moment que j'ai refusé une fois de plus de recevoir l'aumônier.* J'étais étendu et je devinais l'approche du soir d'été à une certaine blondeur du ciel. Je venais de rejeter mon pourvoi et je pouvais sentir les ondes de mon sang circuler régulièrement en moi. Je n'avais pas besoin de voir l'aumônier. Pour la première fois depuis bien longtemps, j'ai pensé à Marie. Il y avait de longs jours qu'elle ne m'écrivait plus. Ce soir-là, j'ai réfléchi et je me suis dit qu'elle s'était peut-être fatiguée d'être la maîtresse d'un condamné à mort. L'idée m'est venue aussi qu'elle était peut-être malade ou morte. C'était dans l'ordre des choses. Comment l'aurais-je su puisqu'en dehors de nos deux corps maintenant séparés, rien ne nous liait et ne nous rappelait l'un à l'autre. A partir de ce moment, d'ailleurs, le souvenir de Marie m'aurait été indifférent. Morte, elle ne m'intéressait plus. Je trouvais cela normal comme je comprenais très bien que les gens m'oublient après ma mort. Ils n'avaient plus rien à faire avec moi. Je ne pouvais même pas dire que cela était dur à penser.

C'est à ce moment précis que l'aumônier est entré. Quand je l'ai vu, j'ai eu un petit tremblement. Il s'en est aperçu et m'a dit de ne pas avoir peur. Je lui ai dit qu'il venait d'habitude à un autre moment. Il m'a répondu que c'était une visite tout amicale qui n'avait rien à voir avec mon pourvoi dont il ne savait rien. Il s'est assis sur ma couchette et m'a invité à me mettre près de lui. J'ai refusé. Je lui trouvais tout de même un air très doux.

Il est resté un moment assis, les avant-bras sur les genoux, la tête baissée, à regarder ses mains. Elles étaient fines et musclées, elles me faisaient penser à deux bêtes agiles. Il les a frottées lentement l'une contre l'autre. Puis il est resté ainsi, la tête toujours baissée, pendant si longtemps que j'ai eu l'impression, un instant, que je l'avais oublié.

Mais il a relevé brusquement la tête et m'a regardé en face: «Pourquoi, m'a-t-il dit, refusez-vous mes visites?» J'ai répondu que je ne croyais pas en Dieu. Il a voulu savoir si j'en étais bien sûr et j'ai dit que je n'avais pas à me le demander: cela me paraissait une question sans importance. Il s'est alors renversé en arrière et s'est adossé au mur, les mains à plat sur les cuisses. Presque sans avoir l'air de me parler, il a observé qu'on se croyait sûr, quelquefois, et, en réalité, on ne l'était pas. Je ne disais rien. Il m'a regardé et m'a interrogé: «Qu'en pensez-vous?» J'ai répondu que c'était possible. En tout cas, je n'étais peut-être pas sûr de ce qui m'intéressait réellement, mais j'étais tout à fait sûr de ce qui ne m'intéressait pas. Et justement, ce dont il me parlait ne m'intéressait pas.

Il a détourné les yeux et, toujours sans changer de position, m'a demandé si je ne parlais pas ainsi par excès de désespoir. Je lui ai expliqué que je n'étais pas désespéré. J'avais seulement peur, c'était bien naturel. «Dieu vous aiderait alors, a-t-il remarqué. Tous ceux que j'ai connus dans votre cas se retournaient vers lui.» J'ai reconnu que c'était leur droit. Cela prouvait aussi qu'ils en avaient le temps. Quant à moi, je ne voulais pas qu'on m'aidât* et justement le temps me manquait pour m'intéresser à ce qui ne m'intéressait pas.

A ce moment, ses mains ont eu un geste d'agacement, mais il s'est redressé et a arrangé les plis de sa robe. Quand il a eu fini, il s'est adressé à moi en m'appelant «mon ami»: s'il me parlait ainsi ce n'était pas parce que j'étais condamné à mort; à son avis, nous étions tous condamnés à mort. Mais je l'ai interrompu en lui disant que ce n'était pas la même chose et que, d'ailleurs, ce ne pouvait être, en aucun cas, une consolation. «Certes, a-t-il approuvé. Mais vous mourrez plus tard si vous ne mourez pas aujourd'hui. La même question se posera alors. Comment aborderez-vous cette terrible épreuve?» J'ai répondu que je l'aborderais exactement comme je l'abordais en ce moment.

Il s'est levé à ce mot et m'a regardé droit dans les yeux. C'est un jeu* que je connaissais bien. Je m'en amusais souvent avec Emmanuel ou Céleste et, en général, ils détournaient leurs yeux. L'aumônier aussi connaissait bien ce jeu, je l'ai tout de suite compris: son regard ne tremblait pas. Et sa voix non plus n'a pas tremblé quand il m'a dit: «N'avez-vous donc aucun espoir et vivez-vous avec la pensée que vous allez mourir tout entier? – Oui», ai-je répondu.

Alors, il a baissé la tête et s'est rassis. Il m'a dit qu'il me plaignait. Il jugeait cela impossible à supporter pour un homme. Moi, j'ai seulement senti qu'il commençait à m'ennuyer. Je me suis détourné à mon tour et je suis allé sous la lucarne. Je m'appuyais de l'épaule contre le mur. Sans bien le suivre, j'ai entendu qu'il recommençait à m'interroger. Il parlait d'une voix inquiète et pressante. J'ai compris qu'il était ému et je l'ai mieux écouté.

Il me disait sa certitude que mon pourvoi serait accepté, mais je portais le poids d'un péché dont il fallait me débarrasser. Selon lui, la justice des hommes n'était rien et la justice de Dieu tout. J'ai remarqué que c'était la première qui m'avait condamné. Il m'a répondu qu'elle n'avait pas, pour autant, lavé mon péché. Je lui ai dit que je ne savais pas ce qu'était un péché. On m'avait seulement appris que j'étais un coupable. J'étais coupable, je payais, on ne pouvait rien me demander de plus. A ce moment, il s'est levé à nouveau et j'ai pensé que dans cette cellule si étroite, s'il voulait remuer, il n'avait pas le choix. Il fallait s'asseoir ou se lever.

J'avais les yeux fixés au sol. Il a fait un pas vers moi et s'est arrêté, comme s'il n'osait avancer. Il regardait le ciel à travers les barreaux. «Vous vous trompez, mon fils, m'a-t-il dit, on pourrait vous demander plus. On vous le demandera peut-être. – Et quoi donc? – On pourrait vous demander de voir. – Voir quoi?»

Le prêtre a regardé tout autour de lui et il a répondu d'une voix que j'ai trouvée soudain très lasse: «Toutes ces pierres suent la douleur, je le sais. Je ne les ai jamais regardées sans angoisse. Mais, du fond du cœur, je sais que les plus misérables d'entre vous ont vu sortir de leur obscurité un visage divin. C'est ce visage qu'on vous demande de voir.»

Je me suis un peu animé. J'ai dit qu'il y avait des mois que je regardais ces murailles. Il n'y avait rien ni personne que je connusse mieux au monde. Peut-être, il y a bien longtemps, y avais-je cherché un visage. Mais ce visage avait la couleur du soleil et la flamme du désir: c'était celui de Marie. Je l'avais cherché en vain. Maintenant, c'était fini. Et dans tous les cas, je n'avais rien vu surgir de cette sueur de pierre.

L'aumônier m'a regardé avec une sorte de tristesse. J'étais maintenant complètement adossé à la muraille et le jour me coulait sur le front. Il a dit quelques mots que je n'ai pas entendus et m'a demandé très vite si je lui permettais de m'embrasser: «Non», ai-je répondu. Il s'est retourné et a marché vers le mur sur lequel il a passé sa main lentement: «Aimez-vous donc cette terre à ce point?» a-t-il murmuré. Je n'ai rien répondu.

Il est resté assez longtemps détourné. Sa présence me pesait et m'agaçait. J'allais lui dire de partir, de me laisser, quand il s'est écrié tout d'un coup avec une sorte d'éclat, en se retournant vers moi: «Non, je ne peux pas vous croire. Je suis sûr qu'il vous est arrivé de souhaiter une autre vie.» Je lui ai répondu que naturellement, mais cela n'avait pas plus d'importance que de souhaiter d'être riche, de nager très vite ou d'avoir une bouche mieux faite. C'était du même ordre. Mais lui m'a arrêté et il voulait savoir comment je voyais cette autre vie. Alors, je lui ai crié: «Une vie où je pourrais me souvenir de celle-ci», et aussitôt je lui ai dit que j'en avais assez. Il voulait encore me parler de Dieu, mais je me suis avancé vers lui et j'ai tenté du lui expliquer une dernière fois qu'il me restait peu de temps. Je ne voulais pas le perdre avec Dieu. Il a essayé de changer de sujet en me demandant pourquoi je l'appelais «monsieur» et non pas «mon père». Cela m'a énervé et je lui ai répondu qu'il n'était pas mon père: il était avec les autres.

«Non, mon fils, a-t-il dit en mettant la main sur mon épaule. Je suis avec vous. Mais vous ne pouvez pas le savoir parce que vous avez un cœur aveugle. Je prierai pour vous.»*

Alors, je ne sais pas pourquoi, il y a quelque chose qui a crevé en moi. Je me suis mis à crier à plein gosier et je l'ai insulté et je lui ai dit de ne pas prier. Je l'avais pris par le collet de sa soutane. Je déversais sur lui tout le fond de mon cœur avec des bondissements mêlés de joie et de colère. Il avait l'air si certain, n'est-ce pas?* Pourtant, aucune de ses certitudes ne valait un cheveu de femme. Il n'était même pas sûr d'être en vie puisqu'il vivait comme un mort. Moi, j'avais l'air d'avoir les mains vides. Mais j'étais sûr de moi, sûr de tout, plus sûr que lui, sûr de ma vie et de cette mort qui allait venir. Oui, je n'avais que cela. Mais du moins, je tenais cette vérité autant qu'elle me tenait. J'avais eu raison, j'avais encore raison, j'avais toujours raison.* J'avais vécu de telle façon et j'aurais pu vivre de telle autre. J'avais fait ceci et je n'avais pas fait cela. Je n'avais pas fait telle chose alors que j'avais fait cette autre. Et après? C'était comme si j'avais attendu pendant tout le temps cette minute et cette petite aube où je serais justifié. Rien, rien n'avait d'importance et je savais bien pourquoi. Lui aussi savait pourquoi. Du fond de mon avenir, pendant toute cette vie absurde que j'avais menée, un souffle obscur* remontait vers moi à travers des années qui n'étaient pas encore venues et ce souffle égalisait* sur son passage tout ce qu'on me proposait alors dans les années pas plus réelles que je vivais. Que m'importaient la mort des autres, l'amour d'une mère, que m'importaient son Dieu, les vies qu'on choisit, les destins qu'on élit, puisqu'un seul destin devait m'élire moi-même et avec moi des milliards de privilégiés qui, comme lui, se disaient mes frères. Comprenait-il, comprenait-il donc? Tout le monde était privilégié. Il n'y avait que des privilégiés. Les autres aussi, on les condamnerait un jour. Lui aussi, on le condamnerait. Qu'importait si, accusé de meurtre, il était exécuté pour n'avoir pas pleuré à l'enterrement de sa mère? Le chien de Salamano valait autant que sa femme. La petite femme automatique était aussi coupable que la Parisienne que Masson avait épousée ou que Marie qui avait envie que je l'épouse. Qu'importait que Raymond fût mon copain autant que Céleste qui valait mieux que lui? Qu'importait que Marie donnât aujourd'hui sa bouche à un nouveau Meursault? Comprenait-il donc, ce condamné et que du fond de mon avenir . . . J'étouffais en criant tout ceci. Mais, déjà, on m'arrachait l'aumônier des mains et les gardiens me menaçaient. Lui, cependant, les a calmés et m'a regardé un moment en silence. Il avait les yeux pleins de larmes. Il s'est détourné et il a disparu.

Lui parti, j'ai retrouvé le calme. J'étais épuisé et je me suis jeté sur ma couchette. Je crois que j'ai dormi parce que je me suis réveillé avec des étoiles sur le visage. Des bruits de campagne montaient jusqu'à moi. Des odeurs de nuit, de terre et de sel rafraîchissaient mes tempes. Le merveilleuse paix de cet été endormi entrait en moi comme une marée. A ce moment, et à la limite de la nuit, des sirènes ont hurlé. Elles annonçaient des départs pour un monde qui maintenant m'était à jamais indifférent. Pour la première fois depuis bien longtemps, j'ai pensé à maman. Il m'a semblé que je comprenais pourquoi à la fin d'une vie elle avait pris un «fiancé», pourquoi elle avait joué à recommencer. Là-bas, là-bas aussi, autour de cet asile où des vies s'éteignaient, le soir était comme une trêve mélancolique.* Si près de la mort, maman devait s'y sentir libérée et prête à tout revivre. Personne, personne n'avait le droit de pleurer sur elle.* Et moi aussi, je me suis senti prêt à tout revivre. Comme si cette grande colère m'avait purgé du mal, vidé d'espoir, devant cette nuit chargée de signes et d'étoiles, je m'ouvrais pour la première fois à la tendre indifférence du monde.* De l'éprouver si pareil à moi, si fraternel enfin, j'ai senti que j'avais été heureux, et que je l'étais encore. Pour que tout soit consommé,* pour que je me sente moins seul, il me restait à souhaiter qu'il y ait beaucoup de spectateurs le jour de mon exécution et qu'ils m'accueillent avec des cris de haine.

NOTES TO THE TEXT

Page
65 **Aujourd'hui, maman est morte**: this sentence and the whole of the first paragraph appears in *Carnets*, I, p. 129, as an entry towards the end of 1938. A preoccupation with the mother figure is a notable feature of Camus's work (especially in *L'Envers et l'endroit, Le Malentendu*, and *La Peste*). The possible psychoanalytical implications of the mother figure in Camus can be studied in Fitch, *'L'Etranger' d'Albert Camus*, pp. 78–89, J. Gassin, *L'Univers symbolique de Camus*, and J. Fletcher, 'Interpreting *L'Etranger*', *The French Review*, pp. 158–67. Camus's own mother died on 22 September 1960 and thus outlived her son. A reference to 'la vieille femme à l'asile de vieillards, qui meurt' appears in *Carnets*, I, p. 110 in a draft fragment. Perhaps Camus was using a real event.

je ne sais pas: the telegram does not date the death.

«Mère décédée. . . .»: there is a hint of satire from the author in the telegraphic style which delivers its message concisely and with bureaucratic efficiency.

Marengo: such a home did exist, near Algiers at Marengo.

quatre-vingts kilomètres: 80 kilometres is about 50 miles.

Page

veiller: spend the night watching over the body.

«Ce n'est pas de ma faute»: the first of several indications in the text that Meursault has a sense of guilt, here about upsetting his 'patron'.

une affaire classée: a settled matter, a closed file (a legal and administrative term).

revêtu une allure plus officielle: assumed a more official character.

66   **je me suis assoupi**: Meursault enjoys sleeping.

la Légion d'honneur: the director has been awarded the Legion of Honour for services to the State. This entitles him to wear the red ribbon which indicates that he is a *chevalier* of the Legion. The order was founded by Napoleon in 1802.

67   **un jacassement assourdi de perruches**: the muffled, chattering of parakeets.

Maman, sans être athée, . . . à la religion: this sentence, like the words 'enterrée religieusement' earlier, introduces the themes of atheism, death, religion, this world and the next, themes which eventually dominate the text explicitly. There is also the hint that, when you are alive and well, your thoughts do not turn readily to God.

recouverte d'une verrière: with a glass roof.

chevalets: trestles.

passées au brou de noix: stained in dark walnut.

sarrau blanc: white smock.

68   **un chancre**: ulcer tending to eat into the surrounding tissue.

comme s'il avait attendu depuis toujours ma demande: Camus uses this detail to suggest a mythical dimension to the text. Even after just a few pages we realize that this apparently simple text is crammed with meanings and possibilities beyond the concrete details of the narrative.

Page

69   **j'ai été aveuglé par l'éclaboussement soudain de la
      lumière:** as well as stressing Meursault's sensitivity to
      light, the sentence introduces the tragic and mythical
      suggestion of 'aveuglement'.

      J'ai réfléchi, cela n'avait aucune importance: it is
      important to note that Meursault reflects at this point
      before he makes his decision. We are not told the rea-
      sons *why* he comes to the conclusion that the matter is
      without importance, but the text clearly indicates that
      Meursault *has reasons* and that it is *not just* a question
      of indifference.

70   **j'avais peine à croire à leur réalité:** Camus blends pre-
      cise, concrete detail with a sense of luminous vision to
      underscore the hallucinatory aspects of the scene.

      l'impression ridicule qu'ils étaient là pour me juger: as
      well as underlining Meursault's sense of guilt, these
      words anticipate the trial and thus link together the two
      social rituals of the text.

71   **Mais je crois maintenant que c'était une impression
      fausse:** the use of *maintenant* poses the problem of
      when Meursault is recording the experience. Cf. Intro-
      duction, pp. 19–22.

72   **Il y avait longtemps que j'étais allé à la campagne:** it is
      worth noting that although Meursault delights in the
      natural order, he does not seek it out deliberately.
      Camus disliked nature worshippers, dismissing them as
      'protestants de la chair'. (*Noces, Essais*, p. 68.)

      employés des pompes funèbres: undertakers.

      en l'espèce: in this instance.

73   **«mon fils»:** clearly foreshadows 'l'aumônier's use of the
      same words which lead to Meursault's final outburst.
      Camus is underlining the parallelism of the two parts.

      infirmière déléguée: the nurse assigned to the home.

      un plumier: a pencil-box.

      l'ordonnateur: the official responsible for organizing
      the funeral procession.

Page

à l'allure empruntée: looking ill at ease, with a constrained manner.

un costume dont le pantalon tire-bouchonnait sur les souliers: a suit whose trousers concertina'd or sagged on his shoes.

74 **de curieuses oreilles ballantes et mal ourlées**: odd, pendulous and irregularly-shaped ears.

une trêve mélancolique: the phrase is repeated in the course of Meursault's final outburst, p. 156, when he again declares that he can understand his mother's decision to start a new relationship. For the significance and possible meanings of these words and their later repetition, see Introduction, pp. 28–9.

inhumain et déprimant: the adjectives underline the negative and antihuman dimensions of the sun and the natural order, the indifference of nature to human mortality.

75 **«Ça tape»**: the sun is really beating down.

L'éclat du ciel était insoutenable: the same words occur during the description of the sun on the Sunday of the murder, p. 103, p. 106. Camus wishes to emphasize that the same sun dominates both days with relentless force.

le chapeau du cocher, en cuir bouilli: the coachman's hard leather hat.

Moi, je sentais le sang qui me battait aux tempes: the same physiological reaction to the heat is emphasized during the description of the murder (cf. p. 108).

76 **un vernis d'eau**: a watery glaze.

un pantin disloqué: a puppet whose strings are loosened.

ma joie: emphasizes Meursault's sense of relief to be returning to the 'nid de lumières d'Alger'.

77 **Marie Cardona**: Camus's maternal grandmother was called Catherine Marie Cardona (cf. Lottman, p. 23). Camus loves to fill his fiction with names based on both

Page

private and cultural associations.

78   **Elle riait toujours**: the insistence on laughter and the uncomplicated enjoyment of natural pleasures, contrasts with the oppressive and fantasmal experiences of the previous day.

Fernandel: the films of Fernandel, 1903–71, a comic actor known to all French people, were and still are, part and parcel of the French way of life.

De toute façon, on est toujours un peu fautif: as well as emphasizing Meursault's limited sense of guilt, it is possible to see this statement as indicative of Meursault's general attitude to people. We are not perfect, but neither are our imperfections so terribly awful. This would imply that Meursault is tolerant, see Introduction, pp. 30–2.

je n'aime pas le dimanche: in 'L'Eté à Alger', *Noces, Essais*, p. 73, we find: 'Les dimanches d'Alger sont parmi les plus sinistres'.

79   **je me suis ennuyé**: Meursault's boredom does not arise from any Romantic sense of the emptiness of life. It seems rather to spring from the simplicity and relaxed manner of his existence.

à l'abandon: Meursault clearly has no aspirations for a middle-class lifestyle and is not preoccupied by material comforts of that kind.

des sels Kruschen: Kruschen salts, claimed to be of infinite benefit to the human body, were often advertised in the newspapers.

la rue principale du faubourg: Pierre-Louis Rey has analysed the links between Camus's life in Belcourt, 93, Rue de Lyon and the geography of *L'Etranger*. Meursault, too, lives in Belcourt in a flat overlooking the *Rue de Lyon*, where Salamano walks his dog (cf. p. 83; Rey, p. 25).

80   **«On les a eus»**: we got the better of them, we beat 'em.

81   **J'avais un peu mal au cou d'être resté longtemps**

Page

appuyé sur le dos de ma chaise: Meursault's capacity to sit and contemplate for long periods will be tested to the full in prison.

il n'y avait rien de changé: this statement, like the later one to his employer, 'qu'on ne changeait jamais de vie' (p. 95) indicates that Meursault appears to judge change in fundamental terms.

82 **connaissements**: shipping bills, bills of lading. Meursault works in a shipping office. Camus himself worked in a similar office for a period in 1934. (Cf. Lottman, p. 89.)

treuils: winches.

83 **le rouge**: mange.

84 **personne ne peut savoir**: note Meursault's refusal to pass judgement on the relationship between Salamano and his dog (later he tells Sintès that he does not find the relationship disgusting (p. 84)). He appears to sense a greater complexity in the dependences between Salamano and the dog than the conventional viewpoint would allow for.

«Il est toujours là»: The hatred expressed in Salamano's resentment of his dog's existence masks an emotional tie, as we eventually find out when the dog disappears. A parallel develops between Salamano and his dog and Meursault's relationship with the dead mother.

Raymond Sintès: Sintès was the name of Camus's maternal grandfather (cf. Lottman, p. 23).

85 **L'autre, il m'a dit**: Raymond's language here is based on Camus's 'récit de bagarre' included as a note in 'L'Eté à Alger', *Noces, Essais*, p. 77. The 'récit' is an example of Algerian, popular working-class language with its elements of slang. At the turn of the century, Auguste Robinet, under the pseudonym of Musette, made this language famous with his character Cagayous. (cf. Quilliot, *Essais*, p. 1359, notes to p. 77).

Page

Assez, ça vaut mieux. . . . De quoi?: lay off, if you know what's good for you or I'll let you have it. . . . You and whose army?

de la tromperie: she was cheating on me.

86   **c'était juste, qu'elle n'arrivait pas avec ce que je lui donnais**: the situation was tight and she couldn't make ends meet with what I was giving her.

'une indication' du mont-de-piété: a pawn ticket.

87   **il avait encore un sentiment pour son coït**: he still fancied having sex with her.

les 'moeurs': the vice-squad.

la faire mettre en carte: to get her listed as a prostitute.

le milieu: the underworld.

'marquer': to brand.

qu'on ne pouvait jamais savoir, mais je comprenais qu'il veuille la punir: The words are carefully chosen. Meursault is saying that one cannot know what one would do in another person's place, but that he can understand Raymond's desire to punish the woman in question. He doesn't actually approve of the action in so many words, but he does write the letter.

88   **une Mauresque**: the fact that Raymond's mistress is an Arab and is exploited by him is not without importance in terms of the colonial situation of the time and her circumstances might well evoke those of her race. 'Mauresque' is also 'un terme légèrement méprisant dans un contexte algérien'. Cf. Fitch, 'L'Etranger' d'Albert Camus, pp. 33–4.

C'était aussi mon avis: again the implications of this statement hide beneath the simplicity of the text. Death is inevitable and this truth should be accepted.

un souffle obscur: the same phrase occurs in the final outburst (see p. 155) in the context of death and *retrospectively* its repetition strengthens the sense of death at this moment. Cf. Introduction, pp. 29–30.

le chien a gémi sourdement: another detail

emphasizing death and underlining the parallel between Salamano and his dog and Meursault and his mother.

89 **en pluie tiède**: seconds before the murder, the accumulated sweat on Meursault's eyelids forms 'un voile tiède et épais'. The repetition of 'tiède' juxtaposes two different aspects of nature, one benevolent, the other hostile.

90 **avec des yeux brillants**: the whole beach scene, like the one of the previous Saturday, suggests a world of innocent, natural, enjoyment and sexual pleasure without sin.

cela ne voulait rien dire, mais qu'il me semblait que non: both a clear rejection of romantic love and a refusal to lie about his feelings.

c'était terrible et je n'ai rien répondu: Meursault's refusal to comment in a certain sense recalls his attitude to Salamano and his dog (see p. 84). In both cases, he refuses to judge a relationship where violence is involved. Here, of course, he knows what is happening and is partly responsible for it because of the letter. He also refuses to call the police.

91 **un agent n'est pas un guignol**: literally, a policeman is not a puppet from a Punch and Judy show. Thus, a policeman is not to be played around with.

un maquereau: a pimp.

de fermer ça: 'to shut his trap'.

elle n'avait pas faim: Marie may have lost her appetite because of the earlier events. One critic, in particular, Isabelle Ansell, pays a lot of attention to this detail, likening both Raymond's mistress to Salamano's dog (both are beaten) and Marie herself to Raymond's mistress (both are subordinate women being used for their bodies by men). See Ansell, pp. 29–31. This study brings realism and misogyny together in an interesting way.

92   **une fine**: a brandy.

je n'aime pas ça: interesting to note that Meursault will have nothing to do with brothels which could be considered the other side of bourgeois sexual morality, the back door of Western European Christian values.

baraques foraines: booths of the travelling fair.

'le Roi de l'Evasion': the Great Escape Artist. Obviously Salamano's dog was quite skilled in this art as well.

93   **Il m'a regardé en silence**: emotional intensity and silence often go together in Camus.

Je ne sais pas pourquoi j'ai pensé à maman: the reader must surely link Salamano's tears to those of Meursault's mother, when she goes to the home. However, the reference to the mother at this point is clearly highly suggestive. Salamano is an image of old age, loneliness, and grief. He cries, despite the fact that his dog is a 'charogne' etc. and he has earlier said that he would not pay anything for his recovery. The dog replaces Salamano's wife as Perez replaces Meursault. Perhaps Meursault also feels that he is unable to help Salamano because we are all alone in death.

le lendemain: as the point of narration is 'ce matin' (second paragraph, p. 90), the reader expects 'demain'. 'Le lendemain' thus points to a narrative perspective which is later than the one utilized from page 90 to the end of this section. See Introduction, p. 20.

95   **on ne changeait jamais de vie, qu'en tout cas toutes se valaient et que la mienne ici ne me déplaisait pas du tout**: the emphasis here on the fundamental equivalence of all lives is an important indication that Meursault has a significant measure of reflexive awareness. Can the idea that one never changes one's life be rooted in anything but death as an absolute perspective? **En y réfléchissant bien, je n'étais pas malheureux. Quand j'étais étudiant, j'avais beaucoup d'ambitions**

Page

de ce genre. Mais quand j'ai dû abandonner mes études, j'ai très vite compris que tout cela était sans importance réelle: as in the previous note, a crucial indication is contained in these lines that Meursault is conscious of the implications of his attitude. The lines give us a glimpse of his past as a student and tell us that something forced him to give up his studies. At that moment he understood the vanity of ambition. It is interesting to speculate on the meaning of 'importance réelle' but it is only at the end that a fuller understanding of these lines is possible, when we are given an insight into Meursault's ideas on mortality, the vanity of the future, and the reality of the present moment.

cela n'avait aucune importance: this rejection of the *importance* of marriage, following so soon after the rejection of ambition and love, adds up to a rejection of Christian middle-class values.

«Non»: Meursault means what he says and his reply is given without irony. However, it is clearly polemical, to a degree, and it is difficult to forget that Camus by this time is both divorced and remarried.

j'étais bizzare . . . je la dégoûterais pour les mêmes raisons: a clear piece of foreshadowing, for the jury will be disgusted by Meursault's 'bizarre' attitudes. Marie is the only character in Part I to find Meursault 'bizarre' and her statement draws attention to Meursault's unconventional dimensions. Cf. Introduction, p. 27, and Fitch, *'L'Etranger' d'Albert Camus*, pp. 94–95.

96   **«C'est sale. Il y a des pigeons et des cours noires. Les gens ont la peau blanche»**: it should be noted that Meursault knows Paris. He shares his creator's dislike of industrial Europe. Paris is made, in this brief description, to appear as the opposite of Algiers, as a place where people are cut off from natural beauty and the light of the sun.

97 **qu'elle était bizarre, mais je l'ai oubliée assez vite**: Meursault now uses Marie's adjective to describe 'la femme automate' who reappears at the trial. It might be argued that as Meursault finds *her* odd, he identifies himself as normal. However, Meursault finds so many things 'bizarre' that we end up by attributing *to him* the identity of the outsider. Cf. Fitch, *'L'Etranger' d'Albert Camus*, pp. 96–7.

98 **la supposition que je devais être bien malheureux depuis que maman était morte**: we might expect this to be a reasonable supposition, but the way in which Meursault expresses the idea implies that he does not necessarily agree. Cf. 'Personne, personne n'avait le droit de pleurer sur [maman]' (p. 156).

99 **«une tête d'enterrement»**: clearly intended to link this day with the day of the burial. The whole of this paragraph, with references to Meursault's feelings of lethargy, emptiness, and displeasure when he smokes, casts an ominous shadow over the day.

   m'a frappé comme une gifle: the bright violence of the sun introduces another element of foreboding and suggests the violence to come.

100 **ni plus ni moins que si nous étions des pierres ou des arbres morts**: the Arabs' look is the look of the colonial oppressed, expressing resentment at the presence of the French (cf. O'Brien, pp. 23–4). The Arabs also appear like the avenging forces of the Greek furies, heralding the tragedy to come.

103 **son éclat sur la mer était insoutenable**: cf. note on p. 75.

   bleu de chauffe: in blue cotton overalls. See Ansell, p. 104, on the significance of the fact that the Arabs are working class. Like O'Brien, she interprets the text in terms of its social and historical roots in colonial oppression and Camus's unconscious complicity with it. See also Introduction, pp. 35 and 38–9.

Page

104 **Ils ont reculé lentement, sans cesser de nous regarder et de nous tenir en respect avec le couteau**: the details of the scene are presented as a ritual, emphasizing the potentially tragic dimension.

105 **sparadrap**: sticking plaster.

106 **Nous nous regardions . . . . on pouvait tirer ou ne pas tirer**: Meursault's sense that he can fire or not fire is linked to the idea that time has stopped, that anything can happen without altering the sense of the eternal.

108 **C'était le même soleil . . . sous la peau**: cf. note on p. 75 for an explanation of this parallelism.

   d'un voile tiède et épais: cf. note on p. 89.

   La gâchette a cédé: the wording carefully avoids attributing agency for the action to Meursault. In this way Camus creates the paradox of the non-volitional act, the culpable innocent, the involuntary homicide in a scene where several layers of meaning (psychological, physiological, social, and mythic) come together with superb artistry. Cf. Introduction, pp. 32–6.

   c'est là . . . que tout a commencé: see Introduction, pp. 19–22 for an analysis of the narrative implications of these words.

   c'était comme quatre coups brefs que je frappais sur la porte du malheur: see previous note.

111 **le juge d'instruction**: the examining magistrate. He is responsible for drawing up a full report of the crime before the trial and has wide-ranging powers under French law, including the power to interview the accused. For an introduction to French law see Jean Larguier *La Procédure pénale*, Paris: PUF, *Que Sais-Je?*, 1972. The role and powers of the 'juge d'instruction' are analysed, pp. 95–107.

   nous en désignerons un d'office: the court will appoint one for you as a matter of course, automatically.

   tout cela m'a paru un jeu: the processes of human justice constitute the second form of social ritual in the

Page

text (the first being the watch and burial). The theatrical and tragicomic elements of the law are constantly underlined in the second part of *L'Etranger*, as are the considerable possibilities of errors of judgement (cf. Introduction, pp. 36–7).

112   **un col cassé**: a wing collar.

Et ce sera un gros argument pour l'accusation, . . . : the prosecution will have a telling or significant argument against you.

j'avais un peu perdu l'habitude de m'interroger: once again Meursault makes an enigmatic statement about himself. He does not tell us when he lost the habit of asking himself questions or why he did so, but he *does* imply that he used to have such a habit. The statement thus indicates that Meursault does have a consciously formulated attitude, or has resolved certain questions, which possibly render self-questioning superfluous.

Tous les êtres sains avaient plus ou moins souhaité la mort de ceux qu'ils aimaient: Meursault's statement goes to the heart of the complex nature of emotional ties and echoes Ivan Karamazov's famous question at his brother's trial: 'Qui ne désire pas la mort de son père?' (Dostoevsky, *Les Frères Karamazov*, 3 vols., Paris 1923, III, 173). Cherea, the standard bearer of Camus's philosophy of revolt in *Caligula* and the intellectual leader of the consipracy against the mad Emperor, also says 'je souhaite parfois la mort de ceux que j'aime', *Caligula, Théâtre*, p. 78. The conventional notion of the love relationship is thus depicted as inadequately formulated.

113   **«Non, parce que c'est faux»**: this means literally that Meursault did not dominate his natural feelings and we might infer that he therefore felt nothing (this is what the lawyer *will* infer). However, it could also mean that Meursault's 'natural' feelings were *other than* the lawyer expects. (cf. Introduction, pp. 28–9.)

Page

comme tout le monde: this remark, like the later one (see below) begs the question of what everybody *is really* like, beneath the surface of convention.

au fond: yet another facet of Meursault's enigmatic view of things is indicated by this phrase. We could legitimately assume that it was important for Meursault to convince his lawyer on this point but he judges otherwise, as though he realizes that he will be unable to convince the lawyer and that it does not matter much in any case.

114 **«Oui, comme tout le monde»**: (see note above). Meursault implies that his feelings for his mother were natural and human, without, of course, indicating what is *actually meant* by that.

116 **Il est retombé sur son fauteuil**: the whole scene is designed to puncture the overblown Christianity of the 'juge d'instruction' with Meursault's laconic atheism (which does not surprise us). The Christian hope of salvation by repentance through Jesus is delivered by a character who is deliberately caricatured. Cf. Fitch, '*L'Etranger d'Albert Camus*' pp. 104–5, for specific examples of how the humour of this passage is achieved.

117 **monsieur l'Antéchrist**: Camus wishes to hint at the parallel between Christ as the embodiment of Christianity and Meursault as the representative of a world view, opposed to Christianity, and for which Meursault is prepared to die. The reference also anticipates the ending when Meursault, condemned by the justice of his fellow men, rejects 'l'aumônier' and proclaims his credo of equivalence. Camus, of course, described Meursault ironically as 'le seul Christ que nous méritions' (cf. *Avant-propos*). Consult the Introduction, pp. 38–40 for further discussion of Meursault as a Christ-figure.

118 **la plupart des Arabes**: this reference to the mainly Arab

Page

composition of the prison population provides another glimpse of the social conditions prevailing in French North Africa. Cf. Ansell, pp. 85–90, and O'Brien, p. 25.

un bat-flanc de bois: a plank bed, hinged to the wall.

120   **ce qu'il fallait espérer en dehors de lui**: note the subtle way in which the theme of hope (with its religious connotation) is opposed to the theme of desire for things of this world. This juxtaposition underscores the whole of Meursault's outburst with l'aumônier'.

au greffe: essentially an office or administration block. In English prisons, parcels are deposited at the 'Gate Lodge' for inspection before being passed on to prisoners. Interestingly enough 'le greffe' is also the administrative office of the 'palais de justice' itself, rather than, as here, of the prison.

121   **avec le même sourire écartelé et crispé**: with the same forced, tense smile.

si l'on m'avait fait vivre dans un tronc d'arbre sec: the contemplative and mystical side of Meursault's attitude is once again in evidence. He is able to structure time and achieve a sense of harmony with existence. The afternoon of the first Sunday, (cf. pp. 79–81), when Meursault contemplates from his balcony, has already introduced us to this aspect of the character (cf. note on p. 81).

122   **dans un autre monde**: the world of Meursault's previous private life, (his flat, his daily routine), is not so different from his life in the cell with its familiar routine. In both worlds the basic question is man's relationship to time and space in an absolute sense.

Mais ils finissent par se soulager eux-mêmes: they end up by relieving themselves (through masturbation).

123   **encore une fois**: this clearly links the question of time in the first part of the work to time in prison, emphasizing that the problem is fundamentally the same.

Page

un bord ébréché: a chipped edge.

l'histoire du Tchécoslovaque: cf. *Biographical appendix*, p. 52–3.

124 **d'un côté, elle était invraisemblable. D'un autre, elle était naturelle**: Meursault's literary judgements are being used by Camus to prompt the reader's own reactions to both this particular story and to *L'Etranger* in general. The coupling of 'invraisemblable' with 'naturelle' is significant since it implies that a story can be unconvincing and natural and, by extension, convincing and unnatural. This argument throws into relief the problem of literary verisimilitude and how we form our notions of what is real, convincing, or natural. cf. Introduction, pp. 38–9.

125 **Non, il n'y avait pas d'issue**: cf. p. 76. The statement is literally true, since Meursault is in prison, but it also constitutes a metaphysical truth – we are all in the prison of time, space, and death and there is no way out.

126 **la cour d'assises**: Assize Court, the principal Criminal Court of the 'Département', competent to deal with crimes carrying serious penalties, such as life imprisonment or the death sentence (up until 1981). The court is not in permanent session but sits every three months. Cf. Larguier, pp. 25 ff.

tout un remue-ménage qui m'a fait penser à ces fêtes de quartier: Camus begins to underline with this detail the *theatrical* nature of the social ritual of justice. Cf. note on p. 127.

«si j'avais le trac»: if I was scared (from 'avoir le ventre tracassé').

127 **Cependant la différence n'est pas grande et c'est en tout cas l'idée qui m'est venue**: Meursault's comment is again enigmatic, for it contains *a judgement* on the legal processes and on the definition of crime and thus emphasizes a degree of awareness on his part. The

Page

comment also further explores the theatrical nature of
the law by introducing the theme of comedy. See Introduction, pp. 35–8 for a discussion of the law in
Camus's works.

le prétoire: the floor of the courtroom.

128   **la sonnerie a retenti dans le prétoire:** the bell recalls the
one used in a theatre to announce the beginning of the
play.

C'était le procureur: he was the public prosecutor. 'Le
Procureur' is also referred to as 'l'avocat général' in
French law. The job of 'le Procureur' is a state appoint-
ment under French law.

Trois juges: the tribunal of the 'Cour d'assises' is composed of three judges, one of whom serves as the presiding judge (in red), whilst the other two are 'asses-
seurs' (in black). Normally, the judges sit with the jury
(not separately). They retire with the jury and parti-
cipate in the discussions and the voting when reaching
the verdict. A minimum of eight votes in agreement is
necessary to secure a conviction (abstentions count in
favour of the accused). There are complicated practices
when the public jurors agree but a majority of the 3
judges disagree with them. (See also note on p. 114.) If a
conviction is agreed, penalties are fixed by a simple
majority. Where there are attenuating circumstances, a
murderer can be sentenced to between 2 and 20 years'
imprisonment (depending on the circumstances).
Meursault is found guilty without attenuating
circumstances.

129   **Et j'ai eu l'impression bizarre d'être regardé par
moi-même:** Camus's work as a reporter for *L'Alger
Républicain* in 1938 involved him in law reports and he
may well have found the basic plot of *L'Etranger* in a
fait-divers emanating from one of these reports (cf.
Thody, p. 41–2). Certainly, Camus, as a result of
these experiences, began both to question the legal
machinery of his country and to raise more fundamen-

tal questions concerning human justice and fallibility. Camus's general attitudes to the press and to journalism are best studied in *Actuelles I*, 'Le Journalisme Critrique', *Essais*, pp. 261–8 and *Actuelles II*, 'Servitudes de la haine', *Essais*, pp. 725–7.

le tirage au sort des jurés, les questions posées par le président à l'avocat, au procureur et au jury: the jury is composed of twelve people made up of the three judges (see note above) and nine members of the public. The former are appointed by the court from a list of names drawn from a ballot-box (urne). As the names are drawn out, the defence counsel has the right to object to particular individuals five times, the prosecution four times. These 'récusations' do not have to be justified explicitly. The ballot continues until nine agreed names emerge. The 'Président' then has to put certain formal questions to both counsels about compliance with court practices and then swears in the jurors. The jurors have the right to put questions, through the 'Président', to the witnesses. It is also worth noting that after each witness has been questioned, the 'Président' has a formal legal duty to ask the witnesses if the accused is the person of whom they are speaking, a point which confuses the 'Directeur de l'asile' on p. 131.

dans tous les cas: an ironic effect is achieved by the positioning of the phrase in this indirect account of the words of the presiding judge. The reader is inclined to interpret his words as meaning 'and even if the verdict is *not* reached in a spirit of justice, he would clear the courtroom if there were any problems'. (Cf. Fitch, *'L'Etranger' d'Albert Camus*, p. 113–5, for a discussion of the trial as a parody of justice.)

130 **ni d'ailleurs de personne**: this phrase underlines the individualism of Meursault's response to existence and should be linked to his remark on p. 156: 'Personne, personne n'avait le droit de pleurer sur elle'. Individuals are ultimately alone before fate and are able to

bear their destiny without recourse to external support.

132   **pour la première fois**: Meursault seizes his guilt through the social judgement of others. In terms of his own subjective responses, he has difficulties in seeing himself as a criminal or murderer.

133   **que j'étais un homme**: in the evocation of the people of Algiers given in 'L'Été à Alger' Camus writes:

Non que ces hommes manquent de principes. On a sa morale, et bien particulière. On ne 'manque' pas à sa mère. On fait respecter sa femme dans les rues. . . . Pour qui n'observe pas ces commandements élémentaires, 'il n'est pas un homme.' (*Essais*, p. 72)

Céleste's description is thus linked to the portrait of the Algerians but it can also be said to have a general human value, that is to say: Meursault is a man *like any other*.

134   **le lendemain de la mort de maman**: it is in reality the day after *the burial* that Meursault meets Marie on the beach. The error is repeated on p. 136. Has Camus simply made a mistake or is human fallibility again being underlined? Meursault also repeats the error on p. 139.

136   **à la débauche la plus honteuse**: the conventional social judgement contrasts in the reader's mind with the description of events given in Chapter II of Part One, where the emphasis is on innocent enjoyment of existence. The phrase is made deliberately rhetorical and negates itself by excess: the reader is unlikely to accept the prosecutor's view.

pour liquider une affaire de mœurs inqualifiable: 'to settle some squalid underworld affair'. The reader may wonder at the nature of the relationship between the world of pimps and prostitution and conventional society.

137   **Comme si les chemins familiers tracés dans les ciels d'été pouvaient mener aussi bien aux prisons qu'aux sommeils innocents**: a key sentence and one which, for

Page

Fitch, 'représente comme la conjonction des lignes de force du roman tout entier (*'L'Etranger' d'Albert Camus*, p. 133). Meursault's contentment with the natural order can give rise to a sense of detachment ('J'ai pensé à ce moment qu'on pouvait tirer ou ne pas tirer', p. 106) which may lead to murder. Cf. Introduction, pp. 6, 11–12, 38–40.

138 **et peut-être plus de moi que de mon crime**: both the prosecution and the defence spend too much time arguing about the character of the accused rather than the details of the crime and, because of this, Meursault can be said in one sense to be condemned more for his attitudes than for the murder.

levait les bras: Camus again is underlining the theatrical nature of the legal processes.

139 **«sa maîtresse»**: the point clearly illustrates Meursault's distance from conventional social standards. However, he does use the same term for Marie later (p. 151).

140 **Je ne regrettais pas beaucoup mon acte**: Camus manages to maintain a sympathetic response to Meursault from his readers because his refusal to repent is uncompromisingly honest. It is also morally shocking, however, so the sympathy is qualified.

Surtout lorsque le vide du cœur tel qu'on le découvre chez cet homme devient un gouffre où la société peut succomber: the prosecution clearly detects in Meursault's attitude a threat to conventional social values: his insensitivity masks a fundamental moral nihilism. The reader will find it difficult to accept the prosecution's case because Meursault has enjoyed our sympathy, despite the murder.

142 **lui aussi a parlé de mon âme**: cf. note on p. 138.

144 **s'il y avait des chances de cassation en cas de jugement défavorable. Il m'a dit que non. Sa tactique avait été de ne pas déposer de conclusions pour ne pas indisposer le jury**: 'if there was any chance of getting the verdict quashed if it went against me. He said no.

His strategy had been to avoid drawing conclusions in his summing-up so as not to influence the jury.'

This section of the text raises questions about judicial practices in the 'Cours d'Assises'. Essentially, two kinds of 'pourvoi' (an application for a review of a judgement or sentence, usually referred to as an appeal by English critics) are possible from the Cour d'Assises to the Cour de Cassation (the Court of Cassation/the French Supreme Court of Appeal): the 'pourvoi en cassation' to which Meursault is referring and the 'pourvoi en révision'. Both go before the criminal division of the Court of Cassation (consisting of five 'chambres civiles' and 'une chambre criminelle'). The application for a 'pourvoi en cassation' has to be made within five days of the judgement and is made principally on the grounds of matters of law. Meursault's lawyer does not think that the verdict will be quashed and he has not referred to this question in his summing-up. A 'pourvoi en cassation' can also be lodged if the sentence is considered legally inappropriate (i.e. too harsh for the crime committed). If the Court of Cassation accepts the 'pourvoi', it can quash the verdict, question the penalty, and order new deliberations by an equivalent court. The 'pourvoi en révision' is rarer and is an application for a retrial or review based on matters of material fact (new evidence about the accused or the witnesses etc.) The most famous example of a 'pourvoi en révision' was the Dreyfus case. The distinction made by Meursault's lawyer between 'cassation' and 'pourvoi' does not appear to correspond to those between 'pourvoi en cassation' and 'pourvoi en révision', for the former would not be lodged so speedily after the case. The distinction made appears to be between an application for the verdict to be quashed by invoking matters of general law and an application based on the inappropriate nature of the sentence. We should also note that Meursault finds the law confusing (as was Camus's intention) and that the use of 'cassation' in opposition to 'pourvoi' may be an illustration of that confusion. For further details of these post-trial applications see Larguier pp. 117–24. Also, the *Lexique de termes juridiques*, Dalloz, Paris, 1974 is of some assistance.

«Le président du jury va lire les réponses»: 'the foreman of the jury is going to read out the replies'. The jury deliberates on a series of specific questions put by the 'Président'. These are the 'série de questions' mentioned on this page.

que j'aurais la tête tranchée sur une place publique au nom du peuple français: all Camus's own revulsion to capital punishment is contained in these words, especially in the heavily ironic reference to the French people. The death sentence was abolished in France on 19 September 1981 by 369 votes to 113 in the 'Assemblée Nationale' and, in 1986, France became a co-signatory to the European Convention on Human rights prohibiting capital punishment (no change of policy can be made for a five-year period from the date of signature). There have been repeated calls for the reintroduction of the death sentence, especially for terrorist offences. The last *public* execution was in 1939, when the murderer, Weidmann, was executed and *Paris-Soir* published a full page of photographs of the event. The government decided after this to discontinue the practice in public. Camus discusses the implications of this decision, in terms of the deterrent arguments of supporters of the death sentence, in his essay *Réflexions sur la Guillotine, Essais*, pp. 1024–5. (See Biographical appendix, October 1957.)

This essay explains Camus's life-long opposition to capital punishment and also helps to explain his general revulsion to violence and to political murders and executions. Perhaps we should also recall Camus's brief relapse on this matter in respect of Nazi war criminals and collaborators and his 1944 public quarrel with François Mauriac (*Essais*, pp. 371–2, 1886–7). Camus's replies to Mauriac, published in *Combat*, are in *Essais* pp. 1531–7. Basically, Mauriac opposed such executions in the name of Divine Justice, for human justice was imperfect and fallible. Camus, arguing against himself, as he later recognized, chose human justice, for, to save France, it was necessary to excise 'les hommes de la trahison et de l'injustice'.

146 **Je n'ai rien à lui dire, je n'ai pas envie de parler, je le verrai bien assez tôt**: for a discussion of the temporal implications of the use of the present and future tenses here, see Introduction, pp. 20–2.

d'échapper à la mécanique, de savoir si l'inévitable peut avoir une issue: 'to escape from the machine [the guillotine] to know if there is any way out of the inevitable [the certainty of death by execution]'. Death by execution and capital punishment were, in Camus's eyes, horrific precisely because of the total, mathematical certainty of their success. Our mortality is also a mathematical certainty and in a sense we are all 'des condamnés à mort' (cf. Introduction, pp. 8–11). The experience of the 'condamné' is the most concentrated expression of human destiny and epitomizes our relationship with time and death. Meursault's reflections on capital punishment contain many of the details which Camus uses in *Réflexions sur la guillotine* to justify his opposition to the death sentence. These *Réflexions*, together with an analysis of Camus's expressions of opposition to the death sentence are best consulted in *Essais*, pp. 1021–64, 1886–92. See also Introduction, pp. 36–9.

Je me reprochais alors de n'avoir pas prêté assez d'attention aux récits d'exécution: Camus, unlike Meursault, is very well aware of one particular example, involving the Russian novelist Dostoevsky, who came within seconds of being shot by the Imperial Guards as a punishment for subversive political activity. Dostoevsky suddenly found himself spared when the Tsar's envoys arrived with the news that his sentence had been commuted to eight years' exile in Siberia. Dostoevsky related the most siginificant parts of this experience in *L'Idiot*, where Prince Muichkine talks of his acquaintance who suffered Dostoevsky's fate. It is interesting to compare Muichkine's words (*L'Idiot*, 2 Vols., Paris, 1887, I, 76) with this section of *L'Etranger*, for there are many very striking parallels.

cette préméditation irrésistible: capital punishment was, for Camus, premeditated, social murder and as such no answer to murder itself. Human justice becomes itself an obscenity if it has to answer murder with the most premeditated and certain crime of execution.

Les journaux: Camus writes of the journalistic and social euphemisms used to refer to capital punishment in the *Réflexions, Essais*, pp. 1021–2. The recourse to euphemism both indicates that, basically, society is ashamed of capital punishment (otherwise the matter would be discussed directly), and that the deterrent argument is hollow (for, if the intention *is* to deter, open, detailed, and fully public description would be logical).

147 **un saut hors du rite implacable**: Camus refers to capital punishment as 'un rite primitif' (*Réflexions, Essais*, p. 1022); its implacable and absolute nature means that the prisoner 'n'est pas soumis aux hasards qui règnent sur l'être vivant, mais à des lois mécaniques qui lui permettent de prévoir sans faute le jour de sa décapitation' (ibid., p. 1041). He also uses the example of the stray bullet as a better way of dying.

une disproportion ridicule: human beings are fallible and, in consequence, human justice is capable of error. Absolute certainty is not possible in human affairs, so

Page

the law must avoid the absolute certainty of capital punishment. Meursault's reference to 'une disproportion ridicule' is linked to arguments used by Camus in the *Réflexions*, where he juxtaposes the uncertainty and fallibility of human judgement and the implacable nature of capital punishment.

Je ne l'avais pas connu: Camus's own father died shortly after the birth of his son (see Biographical appendix, p. 49) and this section is clearly autobiographical. Camus's mother told him of his father's reaction to the public execution and Camus refers to this in the *Réflexions, Essais*, pp. 1021–2.

c'était la seule chose vraiment intéressante pour un homme!: in a sense, we are all like the 'condamné', for we face the absolute certainty of our deaths and we are without hope: execution offers a mirror image of our destiny. In another sense, however, the suffering of the 'condamné' is greater, for the sentence of death hanging over him is immediately tangible in its certainty.

148   **Je réformais les pénalités**: Camus himself proposed in the *Réflexions* (p. 1064), that if France could not abolish the death penalty, it should reform its practice of execution by giving the *condamné* access to fatal drugs. He suggested this as a compromise.

le patient: 'les fonctionnaires traitent du condamné comme de "l'intéressé" ou du "patient" ' (*Réflexions*, p. 1022).

collaborer moralement: Camus develops the same idea in the *Réflexions* (p. 1041) when he speaks of 'cette étrange soumission qui est de règle chez les condamnés' which springs from their recognition of their total impotence before 'la mécanique'.

149   **d'une exécution retentissante**: Camus has in mind the 1939 execution (see note on p. 144) which he is using here anachronistically.

on était tué discrètement, avec un peu de honte et beaucoup de précision: Camus argues in the *Réflexions* (pp. 1022–3) that capital punishment, like cancer, is a disease which we are ashamed to discuss openly; all human beings recognize execution as a barbaric practice by people against people, and this recognition explains our refusal to talk about it.

qu'ils opéraient: the use of the verb extends the hospital or surgical analogy of 'le patient' (cf. note on p. 148).

150 **Du moment qu'on meurt, comment et quand, cela n'importe pas, c'était évident**: the self-evident nature of the certainty of mortality and the allied worthlessness of existence prepares for the final exchanges between the representative of Christianity, 'l'aumônier', with his views on sin and the next world, and the angry, self-confident Meursault who refuses to waste time thinking about God.

151 **j'étais gracié**: the power to pardon is the prerogative of the 'Président de la République'.

C'est à un semblable moment que j'ai refusé une fois de plus de recevoir l'aumônier: see Introduction, pp. 20–1, for a discussion of the idea that the refusal is a second refusal.

152 **Quant à moi, je ne voulais pas qu'on m'aidât**: the rejection of Christian or religious beliefs to help face death is fundamental to *l'homme absurde*'s lucidity before destiny. Meursault is a proud individualist who, like Sisyphus, will bear his stone alone.

153 **C'est un jeu**: Meursault's allusions to incidental details of this kind during 'l'aumônier's' speeches tend to debunk the seriousness of what he is saying (compare this to the later reference about either standing up or sitting down in the cell).

155 **vous avez un coeur aveugle. Je prierai pour vous**: the combined effect of the chaplain's hand on his shoulder, the allusion to blindness (when Meursault considers himself to be lucid), and the patronizing reference to prayers, breaks Meusault's self-control and provokes the aggressive response.

n'est-ce pas?: Meursault invites the reader to share his views on the chaplain's worthless certainties. The use of 'n'est-ce pas?' assumes a degree of complicity between Meursault and the reader.

J'avais eu raison, j'avais encore raison, j'avais toujours raison: the tenses strive to underline the continuity of perception in Meursault's attitudes.

un souffle obscur: cf. note on p. 88. The mysterious breath (which Meursault first detected after he had written the letter for Raymond) is the breath of death.

égalisait: the verb links the outburst to the notions of equivalence outlined in *Le Mythe de Sisyphe*.

156 **le soir était comme une trêve mélancolique**: the implications of this important textual correspondence with the note on p. 74 are discussed in the Introduction, pp. 28–9.

Personne, personne n'avait le droit de pleurer sur elle: the repetition of 'personne' is bound to make the reader include Meursault himself in the statement. The considerable distance between conventional expressions of grief about death and Meursault's proud and lucid acceptance of death is powerfully conveyed by this most emphatic rejection of death as sorrow.

157 **je m'ouvrais pour la première fois à la tendre indifférence du monde**: the quarrel with 'l'aumônier' constitutes a final and complete rupture between Meursault and the social order. He is thus free to assume fully his relationship with the natural order, without reference to conventional values.

Pour que tout soit consommé: clearly these words recall the 'consumatum est' of the crucified Christ in St. John. Camus wishes to project Meursault as a Christ figure ('le seul Christ que nous méritions') and to develop the idea put forward by the 'juge d'instruction' that Meursault is 'Monsieur l'AntéChrist' (see note on p. 117).